绩效

人人都是绩效引擎

江竹兵 著

PERFORMANCE
GROWTH

EVERYONE CAN BE
A HIGH-PERFORMANCE
ENGINE

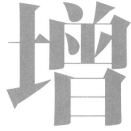 

机械工业出版社
CHINA MACHINE PRESS

本书理论结合实践，深刻地阐述了绩效增长不仅是绩效机制的设计，还是人性、动机和动力的闭环系统。书中介绍的绩效增长系统简单实用，通过兵棋推演，让企业战略及经营管理目标更清晰，让员工真正动起来，还通过"目标、措施、评估、激励"四大步骤唤醒并挖掘员工的潜能。与其说这是一个工具，不如说是一套管理方法。本书采用实战案例、技巧与理论相结合的写作手法，新颖、生动，且案例均来自于本土企业，是我国绩效管理领域具有远见卓识的参考书。

图书在版编目（CIP）数据

绩效增长：人人都是绩效引擎/江竹兵著.—北京：机械工业出版社，2022.11

ISBN 978-7-111-72119-2

Ⅰ.①绩…　Ⅱ.①江…　Ⅲ.①企业绩效　企业管理–研究–中国　Ⅳ.①F279.23

中国版本图书馆 CIP 数据核字（2022）第 229563 号

机械工业出版社（北京市百万庄大街 22 号　邮政编码 100037）
策划编辑：朱鹤楼　责任编辑：朱鹤楼
责任校对：薄萌钰　梁　静
责任印制：邰　敏
三河市宏达印刷有限公司印刷
2023 年 2 月第 1 版第 1 次印刷
169mm×239mm · 16.25 印张 · 1 插页 · 216 千字
标准书号：ISBN 978-7-111-72119-2
定价：78.00 元

电话服务　　　　　　　　　　网络服务
客服电话：010-88361066　机　工　官　网：www.cmpbook.com
　　　　　010-88379833　机　工　官　博：weibo.com/cmp1952
　　　　　010-68326294　金　书　网：www.golden-book.com
封底无防伪标均为盗版　机工教育服务网：www.cmpedu.com

从亏损到盈利

今天的民营企业最迫切需要解决的问题就是从亏损走向盈利，如果不能够解决盈利问题，它们将无法生存。

经营企业就像打一场没有硝烟的硬仗，而检验"打仗"成果的重要标准就是绩效。在今天，民营企业如果没有绩效增长，企业就无法生存下去。好的绩效会带来好的利润，好的利润会帮助企业持续盈利、基业长青。

我在课堂上也会说到 10-8＝2（总收入-总成本＝总利润），现在很多企业都面临着 10-11＝-1，利润是负数的情况，这样的企业是在亏损，不仅不能造血，还在大量失血，要想止血，就要提升绩效。江竹兵老师的这本《绩效增长：人人都是绩效引擎》就像雪中送炭一般，为我国民营企业指明方向。该书是指南针，是行为准则，是管理路径，更是企业家管理企业的重要宝典。

江竹兵老师的"绩效增长模式"课程经历了 25 年探索、300 多期授课、1 万多家企业学习、10 万名各行各业的学员共同见证。课程上的工具是行动教育（公司）的"杀手级"工具，是江竹兵老师及行动教育的研发团队科学的总结、共同智慧的结晶，是以江竹兵老师为代表的专家团队对民营企业家的贡献之举，以此帮助更多的企业家从工具、实践、理论的角度全方位提升企业持续盈利的能力。在行动教育，我们都是以使命来驱动我们的追求和工作，江竹兵老师更是把绩效增长作为自己的使命，他亲身实践这些可操作的方式和可行路径，为我国民营企业家带来全新的前行动力。

我在 TOM 户外传媒任职 CEO 时，整个集团学习并推行了美国的平衡计分卡管理模式，后来在行动教育我也亲自体验了绩效增长模式。两套模式使用下来，我的感受是，江竹兵老师的绩效增长模式更简单、更实效、更精准、更符合我国国情，更能使我国民营企业家的发展轨迹变得可操作，同时还能洞察人性、贴近人性、抓住人性的潜能和欲望。

在我看来，《绩效增长：人人都是绩效引擎》这本书的内容不仅是绩效机制的设计，同时还是从人性、动机和动力出发，唤醒及挖掘人们的潜能，再到流程管控，最后机制落地的闭环系统，循环往复。与其说这是一个工具，不如说是一套管理方法。我曾目睹学员们通过"绩效增长模式"课程的学习，让他们企业的利润得到了几十倍，甚至 100 多倍的提升。

一个民族的崛起和经济的发展离不开理论的高度和专业技术的研究，江竹兵老师的这套机制不但实效、实用、可操作，还是一套管理的体系和理论的探究，是中国企业管理的升华和结晶，江竹兵老师不愧是我国新一代经济管理领域杰出专家的代表人之一。

接下来，让我们共同学习，一起走向成功！

李 践

行动教育科技股份有限公司董事长兼总裁

从考核到激活

　　我的《绩效增长：向绩效管理要利润的中国实践》自 2015 年出版以来，感谢社会各界的厚爱，至今已连续印刷 6 次。在这 7 年时间里，世界变化之快超出了我们的想象：新冠肺炎疫情暴发、俄乌冲突、世界政治经济格局发生巨大变化。对企业来说，无论是外在宏观环境，行业竞争格局，还是客户需求变化，都预示着不确定时代的全面到来。在此背景下，企业该如何竞争制胜呢？

　　仁者见仁，智者见智，各种应对方法层出不穷，也反映出人们对未来的持续思考和忧虑。到底选择何种应对策略呢？一方面要正视变化，扩大关注圈，随时觉察外部环境的异动；另一方面要努力做好自己的事情，提高自己的软实力和影响力。在不确定时代做确定的事情，在关注外部变化的同时，练好内功，比每天焦虑、迷茫和在对世界不可捉摸的哀叹中度过更重要。

　　本书就是对这一个主题的进一步思考，即如何通过绩效创造能力的提升来提高组织竞争力，从而在变化中把握不变的底层逻辑，帮助企业持续赢得市场竞争。为此，在绩效实战、培训、咨询辅导 25 年，讲授"绩效增长模式"课程 300 多期经验的基础上，我把自己的思考提炼并融入本书中。

本书分为三部分：第一部分，跳出考核做绩效。本书试图转变企业管理层及员工的观念，绩效不是考核，绩效是创造价值、评估价值、分配价值的一套闭环流程。第二部分是本书的核心思想，主要讲述绩效增长的上接战略、激活员工、产生飞轮效应的闭环管理系统。第三部分是落地实战和案例分享。

绩效增长的核心思想，简言之，就是"一、二、三、四"。

一个中心：以战略为中心。

两个主体：激活管理层、激活员工。

三大根本：建系统、挖潜能、增利润。

四大系统：目标、措施、评估、激励。

一个中心

以战略为中心。绩效增长是一套系统逻辑，是一套战略执行系统，以战略的落地实施为中心。长期以来，在战略和执行之间有一条巨大的鸿沟。曾有人戏言：战略计于庙堂，高高在上，就好比天上飞的鸟；执行落地日常，细枝末节，就好比地上行走的猪；"鸟"嘲笑员工执行"笨得像猪"，"猪"指责高层战略"尽讲鸟语"，战略与执行就是"鸟与猪的对话"。虽为戏谑之言，但现象却引人深思。

20多年的绩效辅导实践中，我发现战略与执行的脱节比比皆是。这促使我思考，如何以绩效增长模式承接战略落地。在不断的实践中，我发现绩效增长应该以战略为中心，把战略落地转化为大道至简、通俗易懂的四句话：

目标——围绕公司战略，我要干什么？

措施——怎么干？

评估——干了没有，结果干得怎么样？

激励——干好干坏有什么说法？

这套极简单的逻辑，让企业从上至下，包括众多基层员工（即使学历低）也能具备战略执行思维。比如，一家连锁酒店集团运用绩效增长模式，让客房部清洁工阿姨也能具备战略意识："为了实现公司的客户满意度战略，作为客房清洁工，我要在尽量短的时间内，打扫好房间，让房间干净整洁，让客人体验到客房服务的温馨。为此，我要做好以下工作……"这个酒店集团所取得的成果，令人欣喜。由点及面，推而广之，我们可以看到可喜的变化：人人都是战略执行者，人人都可以为战略做贡献。

两个主体

激活管理层、激活员工。要执行战略，责任必须落实到人，具体是谁呢？就是组织里的两类人：管理者和员工。

在过去的思维里，我们只是在管理层进行落地探索，让企业里所有管理层掌握这套绩效增长系统。但在给更多的企业落地辅导后，我们发现这套系统同样适合每一个员工。实际上，这套绩效增长系统就是一套自我管理系统、自主经营系统。因为无论是作为企业最高层的董事长、CEO，还是最基层的员工，要做好自己的工作都要反复思考以下四个问题：

到底我要什么？

怎么干才能更好？

到底干了没有，干得怎么样？

干好干坏怎么区别并自我激励？

能够清晰明确地回答这四个问题，本身就是一个自我激活的过程。这个发现和此后的实践，更加丰富了绩效增长的内涵。它不仅是一套管理系统，更是一套激活系统。

三大根本

以战略为中心，激活管理层和员工，其实现的路径是什么呢？是三大根本——建系统、挖潜能、增利润。

先说建系统。小企业靠能人，大企业靠系统。系统是什么？系统是不依赖于个别能人的一套制度、标准和流程；系统是铁打的营盘。绩效增长就是一套以战略为中心，以目标、措施、评估、激励为四大步骤的经营系统，本书主要篇幅就是介绍这套系统。

再说挖潜能。系统建立起来不是目的，系统要高效运转，并且激发员工的潜能，让每个员工高效产出才是目的。那么为什么系统高效运转能够激发员工的潜能呢？这就要理解人性。人有自动自发的特性，但更多的情况是系统让员工成功。

最后是增利润。建系统也好，挖潜能也罢，最终要实现战略，其根本点是要有业绩和利润。企业是功利性组织，赚钱天经地义，企业只有做到持续盈利才能基业长青。我一贯主张，企业增利的同时，也要实现员工增收，要实现员工物质和精神双幸福。每次跟企业管理层和员工分享这个理念的时候，我都会感受到企业领导和员工双方热切的期盼，这让我增加了使命感，也为自己从事这样一份事业而自豪。

四大系统

目标、措施、评估、激励。这是绩效增长的四大系统，也是绩效增长的实用工具与核心方法论。好比人类登月要有火箭和飞船，要实现三大根本，激活两个主体，围绕一个中心，就必须要有相应的工具和载体。

第一是目标系统。目标清晰了，管理就成功了一半。目标对企业相当重要，但大多数企业对目标的理解和运用维度都太低了，目标被看作是数字游戏，是职责重复，是巨大压力，是彼此孤立互不关联。这样的目标如何能引领增长？

本书对目标进行了重新定义，制定目标是上接战略、寻找新的利润增长点的过程，也是激发员工潜能的过程，更是一个上接战略、相互关联、左右协同的系统工程。

第二是措施系统。目标清晰了，有方法才能够实现。但大多数企业用的是常规的、复杂的、缺乏创新的方法。在今天这样一个时代，方法多、杂、乱会扰乱心智，耗费资源，最终目标难以实现。本书基于实践，提出实现目标的一招制胜创新方法论。

第三是评估系统。检查力就是执行力，评估力就是改善力。没有检查，缺乏评估，是很多企业执行力缺失的重要原因。如何构建一套检查评估系统呢？本书从对事和对人两方面着手，指导企业建立一套年、季、月、周、日的高效检查系统和绩效评估、人才评估的九宫格评估系统。

第四是激励系统。好激励让魔鬼变天使，坏激励让天使变魔鬼。但很多企业的激励系统往往残缺不全，只是单一激励，没有组合激励，甚至把激励做成了福利，本书构建了一套两个方向三条线的激励系统。

请各位读者朋友注意，如果只是搭建系统框架，而不去运转系统，那么系统将毫无意义。所以本书在第三部分，主要讲述绩效增长系统搭建及随后的运转和加速。实际上，绩效增长有非常多的运作场景，既可以拆解为七大组合，又可以合成一体化使用。经过数十年的落地实践，我的建议是四大系统形成闭环，一体化落地使用效果最佳。

从空间维度，绩效增长系统可以运用于企业高层、中层、基层，可以运用于销售、生产、采购等一线部门，也同样适用于财务、人力、行政等二线部门。

从时间维度，绩效增长系统可以每年运转，也可以每季、每月、每周甚至每天运转。而且更有意义的是，如果绩效增长系统能够持续运转，就会形成增强回路与飞轮效应，这也是我们课堂上的一句话口号："飞轮转转转，利润增增增，工资涨涨涨！"

在本书的最后一部分，我将与您分享一些完整的企业案例。这些企业从 2013 年开始，至今近 10 年时间，一直在运转绩效增长系统。回顾 10 年历程，我欣喜地发现，绩效增长系统在企业落地生根，持续迭代，已经融入企业文化和管理血液当中。

10 年来，有很多东西都在变；但 10 年来，也有很多东西没有变。这就是商业的本质。如同亚马逊创始人兼 CEO 贝佐斯所言，"人们经常问我未来 10 年什么会改变？我觉得这个问题很有意思，也很普通。从来没人问我，未来 10 年什么不会变？在零售业，我们知道客户想要低价，这一点未来 10 年不会变。他们想要更快捷的配送，想要更多的选择。"诚哉斯言！围绕客户的需求与选择，10 年如一日般砥砺前行，企业表面比拼的是产品和服务，但背后比拼的是人的意志、能力和长期以来的坚持，是企业从上至下的绩效增长能力和造就其能力的底层操作系统。所谓小胜在智，大胜在德，偶尔取胜可能靠技巧，长期获胜一定靠持续打造、渗透于文化和组织基因当中的能力。

这种能力，就是绩效增长！

江竹兵

2022 年 4 月 30 日于上海

Contents | **目录**

序 篇

————

我的绩效人生

在绩效增长这条路上，我探索了 25 年。

25 年是一个积累，是一个沉淀的过程。这 25 年，我从国有企业，到外资企业，再到民营企业，从企业实践到企业咨询，再到培训、辅导，迄今为止，已有 1 万多家企业、10 万多名学员参加过我的课程。与此同时，我深入辅导的企业有 100 多家，调研交流的企业有 400 多家。

从实践中来，到实践中去。在接触万千企业学员后，我常常因他们而感动。

他们所处的市场，是完全竞争的市场，他们没有资源，缺乏关系，在夹缝中求生存。他们那种迫切追求改变现状、百折不挠的精神值得我们敬佩。这是一群充满活力、勤奋、为梦想一直在奋进的人。为了生存和发展，他们走过千山万水，说过千言万语，吃过千辛万苦，想过千方百计。

他们是改革的先行者。

他们渴望学习，渴望帮助。

他们面对市场，别无选择，唯有全力以赴面对竞争。

他们快速成长、发展，却又面临重重危机。资金问题、管理问题、人才问题，这三大问题如同梦魇般困扰着他们。

但他们依然有着远大的梦想。

"做企业为了什么，工作为了什么，人活着为了什么？"关于这个梦想的回答，圣得西服饰董事长罗文亮先生所言极具代表性，他说：

"未来的企业应当成为员工安身立命和升华心性的家园！"

"未来的企业应当成为服务人类社会的组织！"

"未来的企业应当成为人生止于至善的事业！"

同样，作为 21 世纪最复杂的一项管理难题，运用绩效增长服务中国企业，从管控到激活，释放人性价值，让绩效变得简单、快乐、有效，让企业和员工双赢，这是我的梦想。

我愿用毕生的时间和精力来实现这个梦想！

咨询困惑：为什么方案没执行

2000 年，我重回高校读研究生，同时跟随导师做咨询项目。这其中，绩效考核咨询项目最多。站在咨询角度，我考虑最多的是技术的领先性和全面性，比如：如何把指标设置得科学合理，如何运用先进的绩效技术，如用 BSC（平衡计分卡）、EVA（经济增加值）、KPI（关键绩效指标）等进行考核，如何量化一线和二线部门的工作业绩，如何定岗、定编、定员、定薪，等等。

对每一个咨询方案，我都倾尽全力，实地走访企业，对员工进行问卷调查，对干部进行面谈沟通。一系列动作后，再设计出绩效考核方案初稿，再与企业高管层座谈讨论，反复研讨，最后写出一份技术论证严谨、模型套算科学、指标量化清晰的绩效考核方案。在项目总结会上，我代表咨询方，向企业高管层慷慨陈词，告之设计原理，明确方案目的，陈述优缺利弊，给出执行建议。

作为咨询顾问，我对自己的专业技术充满自信，对能服务和帮助企业深感自豪。我也一直以为，以这样的专业技术，未来一定能成为一名"受人敬仰、被人尊敬"的专家，就如同我的导师——一位人力资源界的知名教授一样。

但人生的轨迹总在无意间被改变。一个偶然的场合，我遇到一位曾咨询过的企业高管，闲谈间想了解咨询方案的落地执行情况。也许是酒后吐真言，这位仁兄很直白地告诉我说："江老师，那个方案我们根本就没执行。"听闻此言，我非常吃惊："为什么？你们花了上百万元，我们也花了几个月时间，怎么能不执行呢？"

对方回答说："你们做的方案是很科学，但也很复杂，我们执行一段时间后因阻力太大，就再没往下执行了，到现在一直停着。"

怎么会这样？接下来的事更让我吃惊，我和一些服务过的企业电话沟通一圈后，发现相当一部分企业绩效方案成了摆设，根本没有落地执行。

为什么企业花费巨资，聘请外部咨询顾问，但最后做出来的方案却没有落地执行？为什么强调技术先进、模型合理的咨询方案，员工却不接受？为什么这成了企业普遍现象？到底是什么阻碍了绩效方案的落地？带着这些疑问，在3年咨询工作及研究生学习届满时，我放弃了去高校工作的机会，毅然决定到企业中工作，去探索问题背后的真实原因。

绩效落地：要能力，更要勇气

进入企业后，我负责的工作是在公司推进BSC（平衡计分卡）。从咨询方（第三方）到实际推进方（甲方）的转变，让我对与咨询公司间的合作轻车熟路。本想借助曾经的咨询经历，大展技术实力，但在项目落地过程中，我却发现自己的大部分时间花在了"研究企业实际，了解业务经营，熟悉内部人员，搞好各种关系，解决推进障碍"

等具体事务上，这些在我看来属于可忽略的细节，恰恰成了工作推进的核心要素。如同一个故事所言，阻碍我们前行的，不是未来的路途遥远，而是鞋子里面的一粒小沙子。

"你们人力资源部搞的这一套，没有任何用处！"

每每听到业务部门的这些话语，我都这样回答：

"张总，你是高人！不过，不用用怎么知道呢？"

"李经理，不说消极话，不做消极事，不当消极人！"

"老王，这可是老板定的，你敢说老板决策错误，说这套没有用?!"

为了顺利推进，我"见人说人话，见鬼说鬼话"，可谓十八般武艺都用上了，最终目的只有一个，那就是保证项目顺利实施。

平衡计分卡项目推进半年后，我发现越来越不对劲了，除了"财务、客户、内部运作、学习成长"四个维度及平衡战略思维外，最后怎么做成了绩效考核？"新瓶装旧酒！用了平衡计分卡的壳，套的是绩效考核的实质！"我的判断在老板那里得到了证实。"我们要时髦，更要实效！"老板高明地说。

不管怎样，平衡计分卡项目还是在向前推进，员工从抵触、反对，到逐步接受和认可。在年度总结大会上，推进小组因平衡计分卡的推进实施，获得了公司"总裁奖励基金"！

项目结束后，我和一位部门主管在闲暇时聊天，我问道："当初，怎么会选择我来推进这个项目？""你不知道吗？我们选中你有三个理由：一是你做过绩效咨询，有这方面的经验；二是你身上有股子勇气，不达到目的不罢休；三是你是外人，不了解我们这里面水有多深……"

5

说到这儿，这位主管对我会心一笑。

明白了，我这是"胆大"加上"不怕死"啊！

人事困顿：人事部门净不干人事

项目好做，关键是长期推行！

为了持续推进绩效，公司内部做了分工：一是组织绩效，主要考评各分公司负责人，由战略规划部负责；二是员工绩效，考核除负责人外的所有员工，由人力资源部负责。

从组织绩效到员工绩效，身份的转变带来的是思维的变化。我发现，人力资源部思考绩效考核的方式和咨询顾问及老板的角度有很大的不同。作为职能部门，人力资源部更多要为老板提供决策支持。企业里关于人的那些事（所谓招聘、培训、薪酬、考核等），人力资源部必须提供专业意见。因此，对人的客观、公正、全面评价，就成了人事考核的重中之重。具体的做法是以人为中心，以业绩指标、能力素质、行为态度、职业道德为核心的"德勤能绩"式考核，尽量听取"上下左右"的评价意见，从而最终做出"选、育、用、留"的判断。

这种以对人的多方位评价为核心的考核，更多类似于政府组织部门考察干部的模式。由于缺乏有效手段，人力资源部不得不借助"上下左右打分"的方式，去尽量客观、公正地评价一个人。但对各部门来说，打分的结果因为没有直接反馈给员工，造成部门"年年考核，年年打分，打来打去，人情世故"的局面。以至于业务部门常常背后说出这样的话——"人事部门整天就琢磨着怎么对付人""人事部门净不干人事"。

外企思考：为什么没有专人负责

在国有企业工作 6 年后，2009 年，我进入一家外资企业。绩效管理在外资企业是如何运作的？外资企业，尤其是世界 500 强企业，是如何推行绩效管理的呢？带着这个疑问，我开始了探索与研究。

在外资企业工作的两年时间里，我对两件事深感疑惑：一是外资企业很少设置专门的绩效考核岗位，甚至没有专人负责，而在国有企业，尤其是很多民营企业，绩效考核往往由专门机构负责，比如大型集团型国有企业的绩效考核部，一般企业的绩效考核专员等；二是外资企业（包括部门）很少谈考核，而年度绩效考核表格也就是一张 A4 纸大小的评估表，很多指标也没有量化，只是根据行为表现，分成 A、B、C、D、E 等不同等级来进行打分。

我们认为的"高大上"的绩效考核技术，在外资企业没有被推崇，是外资企业不重视绩效吗？显然不是！是技术操作复杂，没人会做吗？更不是！经过一段时间观察，我发现了隐藏在现象背后的根本原因：一是外资企业强调的是"业绩管理+人事考核"模式，业绩管理线和人事考核线双线并行，考核评估只是一个辅助的模式；二是外资企业特别强调经理人的职业化水平，每一位新晋升经理都会参加系列培训课程，尤其是团队管理、绩效管理、考核评估等方面的工作内容。先培训，后上岗。换言之，绩效管理已经演变成部门经理必须掌握的一门技能。

原来如此！当我们把绩效考核当作一项工作去做时，外资企业已经把它当作人人必须掌握的一门技能。

民营企业：头疼、身疲、心累

从外资企业出来，为了追寻心中的理想，我加盟了行动教育，成为一名绩效管理专职导师。至今，已讲授公开课300多期，专场内训50多期，受益企业超过1万家，学员更是超过10万名。这些学员，绝大多数来自民营企业。这是一个数量上占绝对优势，从业领域十分广泛，竞争又异常激烈的庞大群体。

在为这个群体服务时，我深感他们的痛苦与困惑。尤其是绩效管理方面，在很多企业更是一块"荒芜之地"。对那些觉醒的先行企业，老板们对绩效的感受是六个字：头疼、身疲、心累！

头疼。绩效到底怎么做？是聘请咨询顾问，还是找到好的职业经理人？是学习标杆企业的绩效管理经验，还是探索适合自己企业的模式？是追求规范化、标准化，还是先易后难？不做绩效肯定不行，但要做又从哪儿下手？

身疲。很多人都说绩效管理是"一把手"工程，可老板哪有那么多时间？现在企业竞争激烈，产品之间杀价竞争到了白热化程度，经营已经够忙的了，还要抓管理，哪有那么多时间和精力？

心累。绩效最终还是要和分配挂钩，但钱不好分。分多了，企业没有利润；分少了，员工说你抠门，这个尺度实在不好掌握。更大的问题是，企业各项成本上涨，利润本来就微乎其微，销售利润一年比一年薄，用人成本却年年涨，不涨工资，留不住人，如何走出这个恶性循环？

更为痛苦的是，为求速成，许多民营企业聘请咨询公司设计绩效考核方案，但考核方案要么没有操作，要么是操作复杂走形式，结果员工抵触、反对，"人考跑了，钱考没了"，最后的结果是人力资源部屈服于员工的压力，绩效考核就此夭折。

绩效就是考核吗？中国民营企业的绩效，到底该如何操作？

变革时代：敢问路在何方？

一波未平，一波又起！

当民营企业还没走出绩效困惑时，移动互联网、数字化、智能化又扑面而来。新冠肺炎疫情暴发、俄乌冲突、世界政治经济格局发生巨大变化。今天的企业面临前所未有的变革。一方面全球经济变化多端，组织面临系统性风险。另一方面，技术发展让大企业降维打击，行业生存空间面临巨大挤压。而在员工层面，流动加速，员工跨企业流动更加频繁，信息互通互联，让组织变得透明化，如何在未来竞争中赢得胜利，如何持续变革以获得良好的生存空间，是越来越多企业必须考虑的问题。

生与死、常与变。在点、线、面、体系统化关联更为紧密的大变革时代，我们依然相信，人类千百年来历练总结出来的经验智慧及大自然竞争的优胜劣汰法则依然发挥作用。任何事物都是矛盾的对立统一体，危机中孕育着转机。在面对不确定性时，一方面要正视变化，扩大关注圈，随时觉察外部环境的异动；另一方面要努力做好自己的事情，提高自己的软实力和影响力。在不确定时代做确定的事情，在关注外部变化的同时，练好内功，比每天焦虑、迷茫和在对世界不可捉摸的哀叹中度过每一天更重要。

　　这就是最近几年我的工作常态。通过绩效赋能和机制变革，强化技术创新和组织应变能力，在常态化工作进程中做战略转型与调整，一只脚立足当下，一只脚迈向未来。前路漫漫，曲折艰难，但我们依然心怀梦想，信心十足。

　　无惧当下，面向未来，在转身一刹那，我们就是自己生命中的英雄！

第一篇

———

跳出考核做绩效

在企业管理与运营的实践中，谈到绩效，绝大多数人立马就会想到考核。下一刻，脑海里浮出的印象是"打分、收表、走形式"。这种印象是如此根深蒂固，以至于我每次讲课都要反复重申，绩效不是考核。但观念转变是如此之难！今天所看到的、接触到的，99%的所谓绩效谈的还是考核！那么，到底什么是考核？什么是绩效？企业又该如何做绩效呢？

第一章

一眼看穿考核本质

考核不是舶来品，明代就有张居正"考成法"：定目标、实考核、严兑现。

考核三大难点：考什么、怎么考、咋挂钩？

考核指标过多，什么都想要，结果是什么也要不到。

很多企业考核操作做成了"打分、收表、走形式"，结果是人考跑了，钱考没了。

考核的本质是管控思维，是建立在最基本的主体平等和契约精神基础上的。

我们无法照搬照抄西方的绩效操作模式，西方绩效理论和操作经历了300多年的发展和沉淀，我们是在用40年走西方300年的路。

现代考核，通过签订"目标责任书"，明确双方的责权利，在考核期结束后，根据考核结果来兑现奖惩。实际上就是通过一纸"契约"体现劳资双方的要求。然而，真的这么简单吗？

第一节　考核的"前世今生"

考核不是舶来品。事实上，在中国古代就有考核。自古以来，政府评价官员就一直采用各种各样的考核模式。"权，然后知轻重。度，然后知长短。"其中，最有名的莫过于明代中期张居正的"考成法"。

明朝万历年间，内阁首辅（宰相）张居正为了国家富强，推行"考成法"。

首先，定目标。中央六部（国家部委）将所有应办之事，按照道路远近、事情缓急，规定完成的期限，然后分别在三套记事簿上记录在案。一套留在六部存底，一套送六科检察部门，一套呈报内阁。

其次，实考核。中央六部对相应官员每月检察一次，完成一件则注销一件，未能按时完成者须如实申报，否则进行处罚。六科检察部门检察中央六部的执行情况，每半年上报一次。内阁检察六科，并对欺瞒者进行处罚。

最后，严兑现。做好了，升官发财；做不好，罚薪降级，丢官去职。

这场变法大大改变了官场"阳奉阴违"的现象，提高了各级部门的办事效率，使得朝廷发布的政令"虽万里外，朝令而夕奉行"（《明史·张居正传》）。这场变法使岌岌可危的明王朝重现生机，一度出现了中兴之势。

张居正变法是绩效考核的经典之作。通过"定目标，实考核，严兑现"三步操作，实现"课吏职，行赏罚"的目的，最终实现"国富民强"的目标。今天，无论政府、企业，90%以上的考核沿袭的都是"考成法"模式，只不过程度不同而已。

国务院国有资产监督管理委员会（以下简称：国资委），设有一个专门机构叫考核分配局，主要职责是健全所监管企业国际对标、行业对标体系，完善所监管企业负责人经营业绩考核制度和企业绩效评价制度，对所监管企业负责人经营业绩进行年度和任期考核，对所监管企业开展绩效评价；提出所监管企业负责人薪酬和激励办法，并根据考核结果组织实施；规范所监管企业负责人履职待遇、业务支出管理；研究提出国有企业收入分配制度改革的指导意见，调控所监管企业工资分配总体水平，规范职工福利保障；健全国有企业中长期激励约束机制，指导监督所监管企业规范实施。每年，国资委考核分配局都会对所属中央企业进行绩效考核。

年初，考核双方签订绩效考核暨企业经营目标责任书。年度经营业绩考核指标包括基本指标与分类指标；基本指标包括利润总额和经济增加值；分类指标由国资委根据企业所处行业的特点和功能定位，针对企业管理"短板"，综合考虑企业的经营管理水平及风险控制能力等因素确定。

年末，由考核分配局组织专人对各企业进行评价，评价结果区分为 A、B、C、D、E 五个等级。年度经营业绩考核中，不同等级对应不同的绩效奖金。

对中央企业经营负责人，除了年度考核外，还有一个"三年任期考核"。2022 年 7 月国资委网站发布的 2021 年度和 2019—2021 年任期中央企业负责人经营业绩考核结果中，有 46 家中央企业被评为 A 级企业，其中有 8 家中央企业连续 18 个年度和 6 个任期均被评为 A 级企业。（资料来源：国资委网站）

第二节　考核三大难点：考什么、怎么考、咋挂钩

无论是对企业高层，还是对部门中层，抑或对基层员工，无论是对一线的销售、生产、采购岗位，还是二线部门的财务、人力资源、

行政岗位，所有关于绩效考核的方案和操作都会涉及三大难点（见图 1-1）。

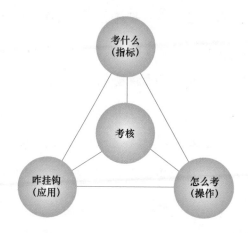

图 1-1　考核三大难点

一是考什么，即指标和目标值问题。

二是怎么考，怎么收表、打分，即考核数据统计与考核操作问题。

三是咋挂钩，即考核结果如何与工资、奖金挂钩，即考核结果如何运用。

正是这三个问题，难住了众多企业。

考什么

考什么包括两个方面，一是考什么指标，二是指标做到什么程度，即目标值定多高。

1. 考什么指标

一张绩效考核表，到底要考哪些指标？这是最让企业头疼的问题。

是只考业绩指标，还是要考"德、勤、能、绩"？是只要结果，还是也要关注过程指标？是抓重点，还是讲全面？是考核3~5个指标，还是尽量多一点，如20个指标、30个指标？

某公司仓储物流部叉车司机岗位，每月进行一次绩效考核，采取扣减评分机制，考核表上共有19项考核指标，部分指标摘要如下：

（1）装卸货物时由于操作原因致使产品损坏，或碰坏其他车辆，或损坏其他设施，每次扣10~15分。

（2）对车辆不爱惜，不按规定进行保养，或操作不当致使损坏，每次扣5~10分。

（3）装车时出现混装、装错车等造成重复装车、经济损失等，每次扣5~10分。

（4）工作不主动、不配合、不及时，经常需要督促才能完成，每次扣5分。

（5）与人吵架每次扣3分，发生打架每次扣5~10分。

（6）对别人或本部门员工的投诉心怀不满或存心报复，每次至少扣5分。

（7）不服从上级主管工作安排或不配合其他部门工作而被投诉，每次扣3分。

　　……

（19）宿舍检查每被通报一次扣1分；集体通报的，舍内人员每人扣1分。

看完这家企业的考核指标，我第一反应是：这家企业到底要干什么？这家企业到底想干什么？这哪是考核一个叉车司机？这是考核一个"叉车圣人"！把职责当目标，人和事混杂在一起，过程、结果样样都抓，问题错误一个不放过，最终是"什么都想要，什么也要不到"！

2. 目标值定多高

指标定了，但目标值呢？是定高一点好，还是定低一点好？定得太高，员工完不成，积极性会受到影响；定得太低，员工没有压力，市场机会又丢失了！是拍脑袋定，还是靠科学合理的方法？到底多少才合理？

某公司设定年度目标，要求下一年的营业收入目标为 1.5 亿元。销售经理召集 30 个业务员开会，会上，销售经理对大家说，"老板对我们今年的工作很满意，要求我们明年再接再厉，明年的销售目标是 1.8 亿元。"

看着大家没有多少反应，销售经理又说道："今天这个目标必须分解下去，按照 1.8 亿元，30 个人，每人明年必须达成 600 万元的目标。大家有没有问题？"

接下来，就是你一言我一语的讨价还价。最终，经过一轮又一轮的拉锯战，大家勉强同意个人目标定在 530 万元，合计金额是 1.59 亿元，超过老板的期望值。看着大家离去的背影，销售部经理嘴角边露出了一丝微笑。

这是我们在企业目标制定过程中常见的一幕。目标制定与菜场讨价还价差不多，其后果就是导致很多时候目标制定变成数字游戏。借用坊间一副对联描述：目标制定，上压下，层层加码，马到成功；目标执行，下骗上，节节掺水，水到渠成！横批：皆大欢喜！

怎么考

怎么考包括考核标准的制定、考核数据的收集、考核方式的选择等。

1. 考核标准的制定

既然是考核，结果就会有好和差的区分，即干好干坏的标准。这就好比量身高的"刻度表"，刻度清晰才能量准，如果刻度模糊，结果就会出现误差。

某企业考核下属员工工作表现，采取 5 分制考核标准，不同分值代表不同的工作表现（见表 1-1）。

表 1-1　某企业考核标准表

1 分	工作表现显著不足，表现出严重违背该项评价指标的具体行为。
2 分	工作表现有所不足，表现出背离该项指标的具体行为。
3 分	工作表现一般，未出现背离该项评价指标的具体行为。
4 分	工作表现良好，有具体行为证明在该项指标中表现良好。
5 分	工作表现优秀，有具体行为证明在该项指标中表现十分出色。

最后评估的结果，对同一个人的行为表现，每个人的评分都不一样。更有意思的是：平时表现非常好的一个部门，其员工的工作表现评分是 3 分；而平时表现一般的一个部门，其员工的工作表现是 4 分。为什么会出现这种情况呢？原来是两个部门负责人对考核标准的尺度

把握不一样。一位打分非常严谨，而另一位却很随意。

考核标准不清晰，描述模糊化，评估结果就不能让员工信服。

2. 考核数据的收集

客观公正地评估员工绩效，数据非常重要。我们经常说"成果导向，数据说话"！业绩量化指标必须要有数据支撑，而且数据要及时、准确。

宁波有一家制造企业，下面有六个工厂，该企业考核各工厂，有一个很重要的指标：准交率（即交货及时率）。关于这个指标的数据统计，工厂、营销部之间差异非常大。工厂自己统计的数据是90%，但营销部统计的数据只有85%，后来聘请了第三方公司统计，却发现准交率连80%都不到。该企业老板问我："江老师，你说我该相信谁？"我说："我谁也不相信，因为各方的统计口径、核算方法、统计周期都不一样。"另一家公司更有意思，该公司是上市公司，我在帮助它辅导绩效的时候，发现管理层对营业额和营业收入两个指标一直存在分歧。原来在该公司内部，两个指标是有差异的，一个含税，一个不含税。所以每次开会，大家都要先统一标准，到底讲的是含税，还是不含税，是营业收入，还是营业额？

数据统计分析与管理是民营企业的软肋！很多企业不要说上ERP，连基本的手工统计数据都还没做好，数据不及时、不准确，往往是绩效考核中双方存在分歧的一个关键点。

3. 考核方式的选择

考核方式的选择：是采取量化数据评估，还是采取上级主管打分，还是采取员工自评与领导打分的综合评估方式。

我看过很多企业设计的绩效考核表，关于考核打分环节，设置了"自评得分、主管评分、综合得分"三项。有的企业还有"上级评价、全体员工评价"。有一家企业更有意思，对部门主管打分，除了"自评打分，上级主管评分"，还有"下属评分"，打分的结果更是让人吃惊：85.947分，85.958分，细化到了小数点之后的三位数。

咋挂钩

这是员工最关心的问题，做好了有什么说法，做不好又有什么说法。挂钩做得好，员工有动力！做不好的话，员工积极性降低，怨天尤人。

曾经在一次培训课堂上，一位企业家问到一个有意思的问题，他说："江老师，我现在最头疼的就是年底分钱，分少了员工不开心，分多了员工也不开心，比如我手头上有50万元，要分给200个员工，怎么分才能让大家满意，而且有动力？"当时我就问他："你分钱的依据是什么？年底奖金是如何与绩效挂钩的？"

绩效结果与员工利益之间是什么关系？这是一个无法回避、最让老板头疼的问题，少了没动力，多了又没钱分。到底怎样分配才能公平、合理？很多企业家问我，有没有一个参考标准？我通常都这样回答："所谓满意，是期望值管理。什么叫满意？达到我的期望值就是满意，达不到我的期望值，即使你给得再多，也不满意。所以说，公平＝我满意！"

咋挂钩通常包括三个方面：

（1）与工资奖金挂钩，即收入能高能低。

（2）与职位升降挂钩，即职位能升能降。

（3）与人员去留挂钩，即人员能进能出。

综合上述，不难发现，今天我们在企业经营管理中所运用的考核办法，依然没有脱离张居正变法所推行的"定目标，实考核，严兑现"的范畴（见图1-2）。

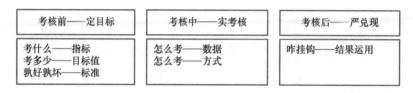

图 1-2　考核三步骤

第三节　考核的两大结果

作为一种工具和手段，考核在企业管理中发挥了重要作用。但在诸多企业的实际操作中，经常出现两种结果：一是打分、收表、走形式；二是人考跑了，钱考没了。

打分、收表、走形式

每个月末，某企业的人力资源部都要发出通知，要求各部门提交员工的考核表，并对考核表进行评分。人力资源部最头疼的问题是：每个月考核表收不齐。总有些部门、总有些人迟交或不交。问为什么，回答是"工作太忙了，没时间"，人力资源部也没办法，因为这些迟交或不交的部门都是公司的业务部门，他们都是公司的"牛人"……

另一家企业每个月的绩效考核表一交上来，人力资源部更是头疼，考核表统统都是95分以上，有的部门人人都是100分。公司要求考核分数要拉开差距，人力资源部都强调了好多遍，就是没有效果……

为什么会走形式？

如果你去问100个人力资源专员，99个都会回答你："业务部门不重视。"果真如此吗？在辅导诸多企业绩效时，我问过很多部门负责人，为什么是这种结果？原因五花八门，最核心的原因无非是两个。

其一，设计操作太复杂，员工不得不走形式。

还记得叉车司机的案例吗？19项考核指标，真的有必要考核这么多项吗？带着这个疑问，我走访了叉车司机的主管——仓储物流部经理，该物流部经理坦率地告诉我："江老师，这份考核表我根本无法执行！这上面的每一项，如果要考核清楚，我一个月就不用干别的了。你看看，比如对别的部门投诉心怀不满这一项，我怎么考核？太复杂了！"我问道："既然没办法考核，那你最后为什么打了85分呢？"他无奈地回答："那是我闭着眼睛打的！"

这就是员工的对策与选择，当太多的指标和目标扰乱视线时，最好的选择就是不去看它。所谓"虱子多了不痒"！要避免过多、过烦的考核所带来的巨大管理成本，唯一的选择就是走形式！

其二，机制导向出现偏差，员工才会走形式。

某企业花了很长时间做了各部门、各岗位的绩效考核表，并与员工绩效进行了挂钩。结果发现，员工对公司的绩效考核并不重视，公司期望员工去做的，与员工实际去做的，出现了很大偏差。一检查才发现，原来是绩效机制出了问题。比如某岗位总体月收入是5000元，结果拿来做绩效考核的工资才400元，不足1/10，而考核指标却有十几项。难怪员工不重视，这是典型的"责任大，权益小"。十几项重要工作，才与400元绩效关联，干好了也就400元，干不好400元丢了，还有4600元。这就导致最后考核扣分，扣工资员工也会很爽快，"400元拿去，我不要了。别烦我。"

这就是机制导向的偏差，"药量"不够，"药效"一定会出问题。

人考跑了，钱考没了

全球知名的会计师事务所德勤当年重塑其绩效管理系统。与很多公司一样，德勤的各级主管每年根据员工目标完成情况，对其6.5万名员工进行考核打分，为此每年用于评分的时间达到近200万小时。在德勤当时进行的公众调查中，超过一半（58%）的受访高管认为，他们目前的绩效管理方式，既无法激发员工的积极性，也无法提高员工的业绩。

在国内，情况往往更为严重。我们看到，很多公司强行实施绩效考核，最终结果是员工抵触、反对，人考跑了，钱考没了。

某公司统计员岗位，采取固定工资制，每月2800元。该公司推行绩效考核，把统计员每月收入分成两部分，固定工资2300元，绩效工资500元，采取倒扣法进行考核。考核指标有两个：一是统计的及时性，如果不及时，一次扣减50元；另一个是统计的准确性，如果不准确，一次扣减100元。统计员由于工作事项繁杂，每月绩效考核，做好了也就是500元，做不好就要倒扣。考核结果绝大多数是被扣钱，结果导致员工积极性下降，人员流失剧增。

再看另一个案例：

一家空调制造企业给销售部门制订的绩效考核方案如下：若完成100%，按照销售额的2.5%进行奖励；若达到120%，按照销售额的4%进行奖励；若达到140%，则按照销售额的6%进行奖励。结果，由于当年天气酷热，空调供不应求，年底目标的达成翻了一倍多。若按照年初制订的绩效考核方案计算，销售部奖金高达几百万元。要不要发这个奖金，老板犯难了。如果兑现承诺，发放奖金，销售部非常开心，但其他部门就会出现不平衡，都是一样干活，凭什么销售部的奖金是自己的十几倍，而且销量翻番，也不全是销售部的功劳，是天气帮了大忙。如果不发吧，制度制定不执行，销售部也不会干。思来想去，权衡再三，老板最后采取了这种策略：发一半。

销售部虽然不乐意，但也没办法，企业毕竟是老板说了算，虽然心里有抱怨，但也只好如此。

第二年，公司准备大干快上，实现业绩再上涨，与销售部又签订了新一年的目标责任书。在去年基础上，再增长15%，同时对绩效奖金进行了局部调整。在动员会上，老板高歌业绩梦想，销售部上下也是铆足了干劲。

但天有不测风云，这一年，天气变化异常，不像去年那样炎热，空调销售遭遇重大挫折，全年销售目标完成率只有40%。又到年底绩效兑现时，是兑现还是不兑现？如果兑现年初承诺，销售部由于没达成目标，甚至连保底目标也没完成，不但没有奖金，而且员工绩效工资也要减半发放，收入相比上一年大减。要兑现，销售部不干了。去年销售业绩好，你说是天气原因，奖金减半发放。今年，销售业绩不好，你就全部把责任归于销售部，明显不公平。今年我们销售部非常努力，只不过天气不好，不能全怪我们。到底兑现不兑现，老板又犯难了！

请问，你对这个案例是什么看法？小时候，我很喜欢看战争片，交战双方在战争结束后都会进行总结。

获胜一方通常都是言出必行，想尽一切办法达成目标。而失败一方总结时，总会讲这样一句话："我们尽力了，不是我们不努力，是敌军人狡猾。"

当然，我不是要各位以偏概全！毕竟企业经营还不是你死我活的战争，绩效方案无法严格兑现，也还有方案本身目标过高的原因，但是作为"契约"的绩效考核方案，由于各种原因，导致老板违约或员工违约情形大量存在。

这就是"人考跑了，钱考没了"的关键原因所在。

第四节　考核的本质：管控思维

不管考核方案如何设计，也不管采取什么方式方法，考核的本质都体现了上级对下级、企业对员工的管控要求（见图1-3）。

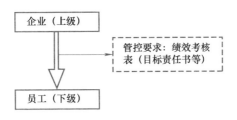

图 1-3　管控思维图

这种管控要求，以绩效考核表或目标责任书等形式体现，其主要特征有三种：

（1）体现企业（上级主管）的意志，落实上级要求。"我们公司的绩效考核，就是老板说了算，老板说考什么，就考什么！前些年，老板认为平衡计分卡好，我们就全部用平衡计分卡考核模式，各个部门都从'财务-客户-内部-学习'四个维度进行考核，结果很多二线部门无法列出财务指标，最后变成了走形式。去年，老板又认为阿米巴模式好，就又把各个部门拆分为所谓独立的阿米巴，进行内部核算，结果部门之间吵得一塌糊涂，大家为了内部定价，讨价还价，内部矛盾重重，结果反而把市场丢了。"

（2）上级处于主动地位，下级大多处于被动地位。"我们公司的绩效考核，从来都是老板敲定，也不和我们商量，每年都是往下压指标，以前我们还抗争一下，现在都懒得争辩了。分派多少就是多少！"

这是我到一家公司去做绩效调研时，一位员工如此向我反馈。"如果是这样，年底达不成怎么办？岂不是要扣钱？"我追问道。"反正年底大家都完不成，老板也不敢扣。他要真扣钱，大家就都不干了，他也没办法！"

（3）强调下级要对上级负责，只要结果，不重过程。年初定规则，年底按规则进行兑现，做好了奖、做不好罚，至于过程怎么做，那不是上级要管的事。

主体平等和契约精神的欠缺

绩效考核是建立在最基本的主体平等和契约精神的基础上的。无论是"考什么、怎么考、咋挂钩"等技术操作问题，还是绩效目标责任书或绩效合同的样式，绩效考核的本质根植于契约精神。而契约精神有三大核心要素：一是主体平等；二是协商一致；三是法律约束力。这也是市场经济的最基本要求。

在传统的计划经济体制下，上级下达计划和命令，下级负责贯彻与执行，上级处于管理者地位，下级处于被管理者地位，下级以完成上级指令为根本。从法律意义上讲，员工和企业双方是平等的主体，但实际上并不是这样。企业方掌管员工薪酬发放和晋升的"生杀大权"，员工即使有不同意见也很难表达；基于主体的不平等，协商一致往往就变成了单方意志表达。而对这种不平等契约，受约方最直接的抵抗就是不履行，这也就造成了企业花费很多时间订立绩效合同，但最终成为废纸一张的现象。

40 年走西方 300 年的路

为什么在西方尤其是美国流行的绩效考核理念，在我国的推进会碰到这么多的困难？这个看似简单的问题背后，实质上是我国企业从计划经济体制向市场经济体制转变的缩影。

我认识一位福建企业家，农民出身，中学没毕业就出来谋生了，从修摩托车起家，逐步发展成中国大型载重汽车钢箍的龙头企业。有一次我到他的企业考察交流，看到他的企业引入了世界最先进的工艺流程，同时还盖了自己的医院，建了自己的学校，而且聘请的都是世界一流的医院和学校管理团队来进行管理。我就问他，盖医院办教育和你的主营业务有多大关联，为什么要做这些事情？你是希望企业多元化发展，还是自己有教育情结？他告诉我说都不是。盖医院是为家乡人民谋点福利，而办教育实则被迫无奈。为什么呢？原来该企业虽然引进了世界最先进的生产工艺流程，但是品质稳定性总是达不到世界一流水平，尤其赶不上德国的生产品质稳定性。建学校是希望从最基本的素质教育和职业精神着手，为企业的未来发展培养人才。

这位企业家的观点，我非常认同。在课堂上，我经常跟企业家分享以下观点：虽然我们自古至今就有对官员的考核，但是真正意义上的企业绩效考核（或者绩效管理）理念的工具方法是从西方引进来的，是经过300多年的工业文明沉淀才形成的。实际上，从工业革命至今，从传统的劳工管理，到泰勒的科学管理模式，再到彼得·德鲁克的目标管理和卡普兰的平衡计分卡，西方企业用了300年的时间。

经过300年的沉淀，工业文明的血液已经渗透到产业工人的骨子里。而我们从有严格意义上的企业至今不过40年的时间，用40年走西方300年的道路，是否有点急于求成？所以说，我们可以学习别人的方法，但骨子里的工业文明精神，那种近乎苛刻的对品质的追求，那种几代人琢磨一个产品的工匠精神，需要一点一滴积累，不是一时半会能学过来的。

第二章

从绩效考核到绩效增长

绩效增长有三大目的：企业业绩和员工收入增长，提高员工积极性和激发员工潜能，提升企业管理效率。

没有绩效，一切无效。

绩效增长模式就是企业的利润管理、员工的价值管理。

企业首要的问题不是考核，而是业绩增长。

做绩效是"打土豪、分田地"，不是把老板当土豪打，而是向市场"打土豪"。

今天的企业有巨大的绩效增长空间：绩效突破有空间，成本节约有空间，员工潜能开发有巨大空间。

企业缺少的不是绩效考核方案，而是绩效增长能力。

在很多场合，我经常跟企业家反复说明，绩效不是考核！绩效不是打分、收表、走形式！绩效也不是让员工多干活，少拿钱。不能因为个别企业绩效没做好，或者个别时候绩效影响到员工的工资收入，就责怪绩效不好！谈到这些，大家都能理解。但现实情况很残酷，因为这些不是个别现象，而是普遍现象。当一个人没做好的时候，是个人问题；但一群人都没做好的时候，就不是个人问题，而是系统性问题了。形象地打个比喻，如果一个池塘里有一条鱼死亡，那可能是鱼的问题；但当一群鱼都死的时候，可能就不是鱼的问题，更大的可能是水的问题了。

绩效被国际经济学界认为是 21 世纪最难的一个管理问题。即使是世界 500 强企业高管和管理大师，都对绩效很头疼。就我个人而言，在绩效道路上探索了 25 年，从困惑到纠结，从纠结到迷茫，从迷茫到无助，最终从无助到醒悟，这条路异常艰难困苦。所幸，25年的总结，让我对绩效的理解越来越清晰。绩效到底是什么？人们对绩效为什么会有这么多的误解？绩效本质是什么？我将在下文进行深入分析和解读。

第一节　三大天问

管理的目的是促进经营。如果管理没有最终实现业绩增长，那么这种管理就没有有效性！彼得·德鲁克说过这样一句话：管理的最终检验是绩效，是成果，管理不在于知，而在于行。

你的企业在进行绩效管理，或者是绩效考核，或者是平衡计分卡，或者是阿米巴，无论你做的是什么形式的绩效，请问有没有带来如下成果：

有没有实现企业业绩增长和员工收入增长（双赢目的）？

有没有提高员工积极性和激发员工潜能（激发潜能）？

有没有提升管理效率，让管理变得简单化（系统出发）？

有没有实现企业业绩增长和员工收入增长

如果企业做绩效，搞了很多管理制度、标准和流程，花了很多人力、时间和成本，但最后的结果是企业业绩没有增长，员工收入没有增长，这样的管理还有意义吗？企业到底是为管理的完美而存在，还是为了抓住机遇实现盈利而存在？

即使解决了管理中的所有问题，将流程和制度搞得非常完美，但因此失去了企业发展的机会，失去了竞争的基本条件，那这种完美又有什么价值呢？这种完美注定短命，仅是理论上的精彩一瞬。这就如同中国的改革开放，尽管过程中出现了很多问题，但是改革却没有因此放慢速度或停滞不前。因为中国经济增长只有具备了一定的速度，才有可能抓住世界经济浪潮中的机遇。

需要注意的是，这里的增长是双向的，如果一方增长，而另一方下降，那么这种增长就存在问题：

第一种情况是：企业业绩有增长，但员工收入没有增长。

第二种情况是：企业业绩没增长，但员工收入有增长。

第三种情况是：企业业绩没增长，员工收入也没有增长。

当然，我们不能武断地说，企业业绩和员工收入没有增长，就是绩效的责任。但是可以肯定的是，一个绩效做得好的企业必然能实现企业业绩和员工收入的双赢。

有没有提高员工积极性和激发员工潜能

做绩效管理，是把员工积极性管上去还是管下来？是把员工潜能给激发出来，还是给消灭掉？一个再好的管理工具和方法，如果被绝大多数员工抵触、反对，那它还有生命力吗？

任何事都应"以终为始"，领导者在管理和考核员工前，要想明白企业最需要的是什么。比如，对一个设计策划人员，要的是创意；对一个销售人员，要的是销售业绩。上下班打卡应该放在员工考核的第几位？一个有职业道德的员工绝不会因为公司不要求打卡而懈怠工作。相反，没有太多条条框框束缚的工作环境，将会给他们更多自由发挥的空间，从而创造更大的价值。

有没有提升管理效率，让管理变得简单化

管理是让工作变得简单，还是复杂？企业管理系统的建立，是让管理更有序、更高效，还是让管理更混乱、更复杂？企业到底应该建立一套什么样的绩效管理系统？

为了让大家好理解，我形象地打个比喻：根据企业规模的大小和管理能力的高低，有的企业好比是几岁的孩子，有的是青年人，有的是中年人。让企业上系统（比如 ERP、SAP 等），就好比让孩子穿装备，你让一个六七岁的孩子，穿着二三十斤的盔甲，拿着四五十斤重的大刀，再戴着七八斤重的头盔，你说这个孩子的战斗力是强呢，还是弱呢？我想结论很简单，这个孩子还没上战场，就已经被沉重的装备压垮了。

所以，我对很多企业提出这样一个建议：你要建立什么样的系统，一定要看你现在的管理能力、水平和所处的阶段。一套好的系统，一定是运转高效，但又比较简单的。复杂的系统一定没有生产力。当然，越大的系统越复杂，但是它的操作界面却是简单的，就好比自动挡汽车，虽然后台运行很复杂，但对于操作者来说是很简单的。

绩效管理也一样，不是越先进越好，而是越有效越好，越简单越好。

我有一个西安的客户，他们做汽车配件的生产和销售，老板是个热爱学习的人，经常去听各种流行的管理课程。有一次，他参加了一

个阿米巴培训，回来后就想在公司推行阿米巴。在推行阿米巴前，他咨询了一下我。我对他说，你的想法很好，但是我要问你几个问题，你知道阿米巴要运行好，需要哪些前提条件吗？做阿米巴成功的企业，它经历了哪几段历程吗？你的企业要推行阿米巴，你要提前做哪些准备？结果这个老板一个问题也回答不上来。很多国内企业在推行阿米巴，但成功者寥寥，为什么？因为我们的企业还没有到达那个阶段。阿米巴的推行，有三大核心关键：第一是独立核算与内部定价，销售与生产之间怎么定价，生产与采购之间怎么定价，人力资源服务怎么定价？定价背后的逻辑和哲学是什么？第二是数据的收集与核算；第三是每个阿米巴都是一个经营体，都需要有独立自主的经营能力，要有经营者思维。不仅要懂专业，还要懂经营哲学，要练就经营能力，但我们的企业员工，现在专业知识都还不精呢，三张报表都看不懂，要练就经营管理能力，需要一个相当长的过程。另外，阿米巴不是搞独立，不是搞家庭联产承包责任制，不要期望一搞阿米巴，就能解决技术问题、质量问题、创新问题！最后我给他的建议是，先把员工的专业能力和管理能力提升上去，先把简单的绩效管理做起来，再搞阿米巴。

他虽然听了我的建议，但没有听进去，回去之后仍然推行。结果一年以后我见到他，问他情况怎么样，他彻底泄了气地说："江老师，不瞒你说，你所说的问题，在我们公司全面爆发。不但没有调动大家的积极性，反而让大家相互间争权夺利，为了定价吵得一塌糊涂。各个部门都想着分钱，但经营的思路一点也没有，结果钱花出去了，但业绩却越来越差！"

这个案例说明了什么？系统建立一定要适合企业所在的阶段，既要帮助企业提升管理效率，又要简单实效！

第二节 绩效增长如何增

有一次辅导某企业，人力资源部考核专员问了我这样一个问题："秘书如何考核？"我反问他一个问题："秘书主要干哪些工作？什么样的秘书才是一个好秘书？"结果这位考核专员回复我说——"不知道。"

这就是问题所在！不知道员工在干什么，如何对员工进行考核？自己不懂业务，如何去考核懂业务的下属？不了解绩效增长方式，如何去做绩效考核与分配？大多数情况下，我们所理解的绩效，往往是狭义的绩效考核和绩效分配。这种理解，几乎占到90%以上。我们来看一些案例：

"江老师，我的企业现在最头疼的问题是：如何考核和分配。一线部门还好办，销售按照业绩提成，生产按照计件工资。但二线部门，比如财务部门、人力资源部门，如何考核？这些部门工作业绩很难量化。其次是年底奖金怎么发放，我现在都是通过发红包的方式，每年年底，我都要绞尽脑汁，既要做到有所区别，又要考虑总体平衡。以前企业小，还好操作。现在企业大了，总不能每年发奖金都靠我拍脑袋吧！"

"江老师，我们企业销售要从区域到全国扩展，以前成熟区域我们考核销售量、销售毛利，现在有些区域是新开发的，如果按照销量提成，没人愿意去！对新开拓区域怎么考核？工资奖金怎么发放？"

是不是绩效就意味着考核、分配呢？到底什么是绩效？让我们通过一张图来解释（见图2-1）。

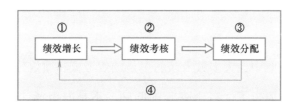

图 2-1　绩效增长、绩效考核、绩效分配之间的关系

绩效包括三部分：绩效增长、绩效考核、绩效分配

绩效增长是一个产出绩效、创造价值的过程。企业要盈利，员工要创造业绩，从这个意义上说，绩效增长就是企业利润管理，就是员工价值管理。没有绩效，一切无效。

绩效考核是一个评估绩效、衡量贡献的过程。在实现价值创造的过程中，每个部门、每个员工的绩效完成情况怎么样？每个人的贡献有大有小，如何客观、公平、公正地衡量出每个人的贡献，以及这个人为人处世方面情况如何，这个过程就是绩效考核。

绩效分配是一个成果兑现、价值分配的过程。根据成果的多与少，以及价值贡献的大与小，决定每个部门、每个人的绩效分配。在这里，狭义的绩效分配仅指工资奖金的分配，而更大范围的绩效分配是指工资奖金、晋升发展、荣誉奖项、股票期权等分配模式。绩效增长、绩效考核、绩效分配是什么关系呢？做个形象的比喻，绩效增长是"打土豪"，绩效分配是"分田地"，绩效考核是如何"分田地"的依据。"打土豪、分田地"是六个字一起讲的。"打土豪"是为了"分田地"，"分田地"是为了更好地"打土豪"。不解决"分田地"问题，人们就不会去"打土豪"。同样，如果不"打土豪"，就没有田地可分。

今天在企业中，大多数人谈的多是绩效考核和绩效分配，即图2-1中的②和③，而忘了"打土豪"的问题。不是向市场"打土豪"，而是把老板当土豪在打。不谈绩效增长，空谈考核和分配，就好比无源之水、无本之木。

很多企业家经常问我，如何做绩效考核和分配？每当碰到这样的问题，我都会反问，你做绩效考核的目的是什么？是为了考核公平，还是分配公正？是为了把每个人考清楚，还是为了发钱省心？这些很重要！但是我认为，当前企业最重要的是：激发每个员工的内在激情与潜能，创造业绩，提升绩效，最终实现企业和员工的双赢。

绩效增长的三大空间

对任何企业来说业绩增长都是硬道理，一切管理都要围绕经营去做，管理的首要问题永远是业绩增长。

用一个数学式子来表达：

$$10-8=2$$

"10"代表总收入，"8"代表总成本，"2"代表利润。要想提高利润，有三大空间，一是提升销售，二是降低成本，三是提高人效。

1. 销售突破有空间

有一年我去日本旅游，一件小事给我触动很大。因不小心将手指割伤了，特地到一家当地超市买创可贴。一番寻觅后，发现仅创可贴就有几十种，有贴手指的，有贴脚趾的，有贴手掌的、脚掌的、脚后跟的，有圆形的、方形的，有针对创口大的，也有针对创口小的。品种繁多，琳琅满目。再仔细观察，发现这家日本超市不只是创可贴，其他产品也一样。牙膏作为日常生活用品之一，也有几十种，有美白的、清新防口臭的、防牙周炎的，有大人用的、小孩用的，真是丰富多彩。

这些说明什么？说明日本商家在研究消费者，在做消费者细分，在满足消费者的不同类型的潜在需求。这就是彼得·德鲁克所说的"创造客户"。

从这个角度来看，我国企业有巨大的销售增长空间。原因如下：

（1）我国有 14 亿人口，各种类型的潜在需求远远没有被挖掘和被满足。我的一个客户，做鸭脖子生产、加工和销售，立志做中国卤制休闲食品第一品牌。这些年在鸭脖子上做足文章，深入研究和开发鸭脖子系列产品，同时主打"时尚休闲食品"品牌，并在全国进行连锁和加盟经营，仅"一根鸭脖子"，一年就做了 40 亿元。叫人不得不感慨我国的市场太大了，我国老百姓的巨大消费潜能，还远远没有被挖掘出来。

（2）企业只要深入研究客户，在产品上下足功夫，以"一米宽、一千米深"的精神去开发产品，满足客户未被开发的潜在需求，就一定能够赢得未来。如果产品同质化，最终结果是产能严重过剩，大打价格战，各方都无利可图，还浪费了社会资源。

（3）体验时代，即使是同质化的产品，只要有不同的体验，也可以带来业绩增长。人们买手机，其实众多品牌的功能都差不多，只是体验不同而已。到海底捞吃火锅，请问菜品到底和其他火锅店有什么根本的差异？差异并不大，无非是吃个体验而已。

2. 成本控制有空间

尽管近年来国内各项生产成本上涨，也有诸多的跨国公司把生产工厂转移到越南、柬埔寨、孟加拉国等国家，但国内企业还是有巨大的成本控制空间。为什么，因为我们的管理还不够精细化、流程还不够优化、人浮于事现象比比皆是，我们还远远没有达到"干毛巾也要拧出一把水"的程度。

我在四川成都讲课，一个做钢铁物流的企业老板跟我诉苦，现在企业成本居高不下，没有利润空间，不知道如何做绩效？我反问他，市场受大环境影响，暂时有点困难，能不能在成本控制上下功夫？该老板告诉我，能想的办法都想了，但还是没有找到成本下降空间。是这样吗？接下来，我问了他几个问题：

（1）你的企业运输车辆是公司自有，还是员工自有？换言之，你是重资产运作还是轻资产运作？该老板告诉我，车辆全部是公司自有。这就是问题！一辆大货车至少要30万元，如果全部是公司出资，要占用大笔资金，而且还要进行资产管理。因为车辆是公司的，员工一般在爱护车辆方面做得都不够好，不注意保养，损耗成本高。

（2）你的运输车辆每年入保，有没有统计车辆的赔付率，是高还是低？在赔付率低的情况下，可以跟保险公司谈，以降低保费。单辆车不好谈，但是车多就好谈了。

（3）油费和维修费统计，有没有抠每一分钱的使用？比如油费，石油价格下跌，有没有跟油料供应商谈判，在市价基础上，再降低哪怕是每升一分钱？

（4）车辆返程空载率是多少？现在大部分运输车辆返程都是空载，一般企业高达80%，如果能把返程空载率降到20%，那么就可以分摊成本。

（5）吨公里运价是多少？如果把前四项做好，你的吨公里运价就可以降下来！粗略估算，可以降低10%，那么你的市场竞争力不就出来了吗？

这位老板听我这么跟他一分析，大吃一惊——原来企业还有这么大的成本下降空间。

3. 员工潜能开发也有巨大空间

现在人工成本每年以15%~20%的速度上涨，有的企业甚至更高。人工成本涨，是好事还是坏事？这个问题不能简单地回答。接下来看现象和问题，人工成本背后有个思路，今天在人工方面面临三大问题——人多、工资低、成本高。

宁波有一家企业，做汽车里面的转向器，已经做到中国第一、世界第二，该领域的世界第一在阿尔巴尼亚。宁波这家企业组团去阿尔巴尼亚考察，结果大吃一惊——"我们这边用了2000多个工人，阿尔巴尼亚那边用的工人不到1000人，但人家的产量反而是我们的两倍，我们的人均劳效是人家的1/4"。考察完之后该企业就立马定了一个三到五年的重大战略议题——如何让企业的人均劳效提高，精简高效。从人多到人少，从工资低到工资高，最后成本反而低。

假如企业有100人，每个月平均3000元工资，一个月显性成本是30万元，假如我们通过精简可用60人去做，每人工资涨到4500元，最后总成本是27万元，相对来说我们员工的收入从3000元涨到4500元，涨了50%，但总成本反而降了10%，对于民营企业来说有一条路永远是有效的，那就是通过潜能的开发让每个员工的潜能被激发出来，提升人员的效率，这样把工资涨上去，总成本是降低的。无论是个人的潜能开发，还是企业管理的潜能开发，永远有提升的空间。

最后需要强调的是，很多企业都认为，企业缺的是绩效考核方案，最难做的也是绩效考核方案，即如何对员工进行考核评估与绩效分配！事实不是这样。考核方案就是一个契约，一个考核双方约定"考什么、怎么考、咋挂钩"的契约，无非在签订契约过程中，双方讨价还价而已，最终要达成一致。所有企业绩效考核方案都是双方"妥协"的结果，无非是目标高低、分多分少的问题。事实上，绩效考核方案好订，但关键的是方案制订好后，如何达成目标的过程。我们缺的不是绩效考核方案，而是绩效增长能力，是激活员工，想尽办法，最终达成目标的能力。

第三章

绩效增长实践

绩效增长是管理层和员工必须掌握的一门技能。

千斤重担万人挑，人人头上有指标。

企业实现利润增长，不是去和员工争利；员工实现收入增长，也不是去和老板争利。

绩效管理是把员工的积极性管上去，把员工的潜能激发出来。

员工的潜能不是拧出一把水的干毛巾，而是吸满水的海绵。

绩效增长模式是让企业从能人管理走向系统管理，让中层干部从"侠客"到"将军"。

绩效增长模式是让员工从被动管理到自我管理，从"绩效奴隶"转为"绩效主人"，是一个企业和员工的双赢系统。

尽管市场竞争一片红海，但仍然有很多企业，仅仅通过绩效管理，就可以实现企业利润倍增。他们后来居上，运用绩效管理系统工具、方法，打造企业核心竞争力，发展速度远远超过同行。25年来，我所辅导的企业无数次证明，绩效管理能带来巨大的业绩增长。

它们是怎么做到的呢？一张表为你进行翔实的解读（见表3-1）。

表3-1　一张表解读"绩效增长模式"

绩效增长模式三大目的	绩效增长模式四大模块				绩效增长模式一个追求
	目　标	措　施	评　估	激　励	
增利润	寻找利润增长点	利润增长的实现路径	利润增长的执行保障	利润增长的动力机制	企业和员工双赢
挖潜能	把目标制定的过程变成员工参与和挑战自我的过程	把寻找策略方法的过程变成激发员工群体智慧的过程	把检查评估的过程变成员工自我督促、修正、提升的过程	把奖罚激励变成自我激励、力争上游的过程	

（续）

绩效增长模式三大目的	绩效增长模式四大模块				绩效增长模式一个追求
	目　标	措　施	评　估	激　励	
建系统	建立上接战略、责权利清晰的目标制定与分解系统	建立群策群力、挖掘潜能的策略方法系统	建立兼顾过程与结果的检查评估系统	建立多层次、全方位的绩效激励系统	企业和员工双赢
绩效增长模式两大主体					
一是让中层干部从"侠客"到"将军"；二是让基层员工从"绩效奴隶"到"绩效主人"					

第一节　绩效增长模式

绩效增长模式由"1+4"组成：一个中心和四大系统（见图3-1）。

图3-1　绩效增长模式示意图

一个中心

以战略为中心。绩效增长是一套战略执行系统，以战略的落地实施为中心。从根本上说，企业就是实施竞争战略打赢"战争"的组织。因此，以战略为中心，是所有管理的基本法则。

1. 战略中心是指挥官意图

以战略为中心，不是以机械教条式的命令为中心，而是以企业的战略意图，或称指挥官意图为中心。指挥官意图来自于美国陆军。早期美国陆军的每一项行动，都得经历庞杂繁复的计划过程，甚至可以上溯到美国总统最初下达的命令。然而在实战中，一旦遇到意想不到的事情，如天气变化、关键资源被毁和敌方突出奇兵等，这些计划便立即失效。军事指挥上有句名言：枪声一响，计划作废一半！因此，美国陆军在 20 世纪 80 年代修改了一贯遵循的规划流程，提出了一个名为指挥官意图（Commander's Intent，简称 CI）的概念。

指挥官意图是位于每道命令最前面的一种直白称述，它能清楚地说明计划目标，明确指出该项任务所期望达成的最终结果。指挥官意图往往会比较抽象，比如对于美国陆军高层，指挥官意图是"瓦解东南地区敌军士气"，对于上校和上尉指挥官意图是"我的目标是率领第 3 营攻占 4305 号高地，清扫山上的敌军，进而掩护第 3 旅侧翼安全穿越防线"，"指挥官意图"绝不会悉数阐明诸多琐碎的细节，否则将在突发状况下失去用武之地。

再比如乔布斯回归苹果后，让苹果重振雄风的不是电脑，而是一个小玩意——MP3 播放器 iPod，当时市场上的 MP3 播放器容量很小，只能存储十几首歌，于是乔布斯贯彻了指挥官意图：把一千首歌装进口袋里。以此战略为中心，苹果公司倾尽全力打造的 iPod 的横空出世，再次奠定了苹果的江湖地位。

2. 战略中心是发挥聚焦力

以战略为中心，明确指挥官意图，接下来就会形成三大聚焦作用（见图3-2）。一是资源聚焦，包括人力资源、财力资源、物力资源；二是行动聚焦，即围绕战略中心，明确核心目标，破除核心障碍，寻找核心对策；三是利益聚焦，围绕目标来确定企业的物质利益、精神利益和电网机制。

图 3-2　战略中心下的三大聚焦

以行动聚焦为例，在不断的实践中，我发现绩效增长本就应该以战略为中心，把战略落地转化为大道至简、通俗易懂的四句话：

- 围绕公司战略，我要干什么？

- 怎么干？

- 干了没有，干得怎么样？

● 干好干坏有什么说法？

这套至为简单的逻辑，让企业从上至下，包括众多基层员工（即使学历低）也能具备战略执行思维。比如，一家连锁酒店集团运用绩效增长模式，让客房部清洁工阿姨也能具备战略意识："为了实现公司的客户满意度战略，作为客房清洁工，我要在尽量短的时间内，打扫好房间，让房间干净整洁，让客人体验到客房服务的温馨。为此，我要做好以下工作……"。这个酒店集团所取得的成果，令人欣喜。由点及面，推而广之，我们可以看到可喜的事实：人人都是战略执行者，人人都可以为战略做贡献。

3. 战略中心是网络协同

现代企业竞争是快速反应力和网络协同力竞争。传统自上而下层层命令的科层制管控模式，指挥链过长，决策流程慢，信息传输出现巨大损耗。今天企业面临市场一线的巨量信息波动，如何能够坚持以战略为中心，同时兼顾市场信息，做出快速反馈，产生网络协同呢？这就要求每个岗位、每个员工，基于本职工作，上接战略，相互协同，共同打赢战争。下面看看字节跳动战略协同。

字节跳动是一家科技创新型公司，成立至今短短十年时间，就发展成为一家快速全球化、运用人工智能赋能移动互联网的创新巨头，其旗下产品有今日头条、西瓜视频、抖音、头条百科、皮皮虾、懂车帝、悟空问答等。为营造透明的文化环境和贯彻"科技出海"的全球化核心战略，创始人张一鸣采取了两个重要的管理工具：飞书和OKR（Objectives and Key Results，目标与关键成果法）。运用飞书，所有人的聊天记录都可以显示，任何一个新加入群聊的人，都可以第一时间自动同步此前的全部聊天内容，获得群里所有讨论话题的上下文，这鼓励了信息透明，让大家相互学习，也沉淀了群体的智慧。运用OKR，做目标对齐和网络协同。整个字节跳动有员工10多万人，每个普通员工，都能看到张一鸣的OKR，看到老板在做什么，他的重点是什么。同时，每个团队的领导，都要考虑三个层次来制定自己的OKR：首先是自己部门近期最重要的业务；其次是参照张一鸣的OKR；最后是参考其他相关业务线的OKR，看看自己如何支持别的部门。每一位员工也是类似的逻辑。这就像一张蜘蛛网，张一鸣站在最中间发出信息，所有的节点都能看到他，主动和他对齐，和张一鸣的目标进行协同。

四大系统

四大系统分别是：目标、措施、评估、激励。

目标（Aim）：千斤重担万人挑，人人头上有指标，解决每个岗位"干什么"的问题。

措施（Plan）：挖掘员工潜能，激发群体智慧，解决达成目标"怎么干"的问题。

评估（Evaluate）：检查保障执行，评估锁定结果，解决"干了没有、干得怎么样"的问题。

激励（Inspirit）：奖得心花怒放，罚得胆战心惊，解决"干好干坏有什么说法"的问题。

四大系统，循环往复，形成绩效飞轮。从员工层面，这就是每个岗位做事与执行的方法论。不管是销售员工，还是生产工人，不管是一线部门，还是二线部门，不管是每月、每周还是每日，这套执行方法都能适用。我以门店销售员的每日工作为例，来讲解这个模式的运用。

小张是某服装品牌的门店销售员，她的业绩排名始终居于前列。为什么小张能够做到，而其他销售员做不到呢？核心是小张每天坚持这样一种工作方式：在上班的路上，小张就思考当天的工作目标——要卖出多少件衣服！根据当天的情形（是周一到周五，还是周末，还是其他节假日），小张把她的目标做了分解。如果是在正常的工作日，上午10~12点基本没有什么客流，而吃完午饭来逛街和下午下班后来逛街的白领较多，小张把她的销售目标分解到这两个时段。如果是在节假日，则又是另外一种情形。根据经验，小张不仅把她的目标分解到时段，而且还分解销售单数、销售单价等。

目标清晰后，小张就思考卖出服装的措施方法以及一天的工作方式。如果在淡季，要依靠老客户来拉动销量，所以上午空闲时段，小张就给买过服装的老客户发短信，告知客户新品信息、折扣优惠信息。小张是个有心人，对于那些买得多的客户，她都会在有意无意间观察客户的品位，记录客户的喜好。这让小张保持了良好的客户复购率。到下午淡场时段，小张会进行搭配演练，这是店里的要求，但是与其他同事不同的是，小张特别关注最新的流行品位和趋势，在逛街或其他购物时，也会特意留意和观察，哪些人的着装很有品位，他们是怎么搭配的。小张随身会带一个小本子，随手记录。时间一长，练就了眼光，同事们都说小张的服装搭配很有档次，客户也愿意让小张帮忙挑选衣服。

每天的工作结束后，别的同事都换装下班了，但小张总会多留一段时间，进行当天工作检查。看看自己这一天的目标是否达成，有哪些地方做得好，哪些地方做得不好。比如，今天一个新顾客来买服装，小张通过搭配，让客户一次购买了5件，而且顾客对小张的搭配还非常满意，小张又多了一名潜在的回头客。但也有一个地方做得不够，就是一个老顾客要来买的衣服没有库存了。小张事先没有了解到这些信息，说明对货品储存了解得不够。

在评估完成后，小张在自己的笔记本上，对自己打了三个加号，一个减号。这是小张的自我激励系统。加号代表做得很棒，减号代表需要改进。虽然这个动作很小，但小张感觉到每天这样做，自己越来越有干劲。而且，小张还把所有当月的销售额进行累计，计算出自己的提成和奖金，不到半个多月，自己的业绩就领先于其他同事，销售目标达成80%，对接下来的销售目标，小张越来越有信心。合上笔记本，换好装，跟交接班同事打好招呼。小张走出店门，外面正是华灯初上，看着熙熙攘攘的人群，小张深呼吸了一下——原来生活是如此美好！

第二节　绩效增长三大根本

当外在经营形势恶化，利润逐年被摊薄，企业在死亡线上挣扎时，任何的管理标榜都是伪善。管理不是追求"高大上"，更不是"赶时髦"，而是简单易操作，务实出成果，实践永远是检验真理的唯一标准，围绕经营做管理，唯有经营的成果才是好管理的证明。所以，我提出绩效增长的三大根本目的是增利润、挖潜能、建系统。

第一大根本：增利润

管理的目的是促进经营。

在讲解绩效增长模式时，我从不回避"企业对利润的追求"，更不回避"员工对利益的追求"。对于中国这样一个人口大国，没有经济增长，就没有国家的强大和人民的幸福。同样对于企业来说，没有利润增长，企业就活不下来，更别谈员工的幸福。

发展永远是硬道理。建立绩效系统，激发员工潜能，实现企业快速健康的利润增长，是中国民营企业的一条必由之路。对于老板来说，实现企业利润增长，不是去和员工争利。对于员工来说，实现个人收入增长，也不是去和老板争利。实际上，企业需要凝聚老板、管理层和员工的力量，在市场竞争中争取自己的地位，在服务客户中创造自己的价值，蛋糕做大了，双方才能分得更多。我们最终要做的是"企业和员工双赢"，方法如下：

目标系统：上接战略，寻找利润增长点。

措施系统：利润增长的实现路径。

评估系统：利润增长的执行保障。

激励系统：利润增长的动力机制。

第二大根本：挖潜能

正本清源，绩效增长绝对不是搭"花架子"，而是要激发员工潜能。任何好的管理，如果员工不动，就成了摆设。授课时，我经常问学员一个问题："做绩效管理，是把员工积极性管上去，还是管下来？是激发员工潜能，还是把员工潜能给灭掉？"

答案显而易见，结果却适得其反。调查表明，中国民营企业员工潜能发挥率极低。一家全球知名调研机构曾调查得出这样一个结论：企业里85%的员工没有发挥自己的潜能。这种潜能效率损失对企业伤害非常大。当市场需求旺盛，企业销售随行就市增长，一俊遮百丑。但当市场、人口红利已经到头，外在市场一片红海时，企业管理效率、员工潜能激发就成为重中之重。

"干毛巾也要拧出一把水！"这是丰田的管理哲学。对中国民营企业来说，这条管理效率提升、员工潜能激发的"毛巾"绝不是干毛巾，而是吸满水后的海绵，只要我们努力去做，在人员配置上精简高效，在人均产出上提高劳效，在内部沟通上降低内耗，在流程衔接上优化增效，企业利润增长便是情理之中的事情。

激发潜能，让员工从绩效的奴隶变成绩效的主人，该如何做呢？方法如下：

目标系统：把目标制定的过程变成员工参与和挑战自我的过程。

措施系统：把寻找策略方法的过程变成激发员工群体智慧的过程。

评估系统：把检查评估的过程变成员工自我督促、修正、提升的过程。

激励系统：把奖罚激励变成自我激励、力争上游的过程。

第三大根本：建系统

小企业靠能人，大企业靠系统。民营企业在发展过程中，往往过度依赖老板：决策靠老板拍板，指令靠老板下达，行动靠老板指挥，检查靠老板记性，奖罚靠老板心情。下属看老板脸色行事：老板在，效率高；老板不在，效率低。靠能人的结果，一是能人太累，少了他不行；二是能人一走，公司立马土崩瓦解。对这些能人，当你觉得企业离不开自己的时候，恭喜你，说明你的价值最大化了。同时也提醒你，你的企业离灭亡也不远了。

绩效增长，让企业从能人管理走向系统管理，重要的是帮助企业建立绩效增长系统。何谓系统？一句话，就是企业少了谁都照样运转。无论谁走谁留，无论谁负责，系统照常运转。绩效系统包括以下四大方面：

目标系统：建立上接战略、责权利清晰的目标制定与分解系统。

措施系统：建立群策群力、挖掘潜能的策略方法系统。

评估系统：建立兼顾过程与结果的检查评估系统。

激励系统：建立多层次、全方位的组合绩效激励系统。

第三节　绩效增长的两大主体

"增利润、挖潜能、建系统"要在企业推行成功，一定依赖于

"两个人"：一个是企业中高层（统称管理层）；一个是基层员工。其中，中高层占比80%；基层员工占比20%。在中高层中，绩效管理首先是"一把手工程"，"一把手"必须重视，最核心的是中层干部，绩效管理是每一个中层干部必须掌握的一种技能。

让中层干部从"侠客"到"将军"

小时候，我爱看武侠小说，特别崇拜小说中的侠客：比如《射雕英雄传》中的郭靖，《神雕侠侣》中的杨过，《笑傲江湖》中的令狐冲，等等。那时候的梦想是成为一名侠客，武艺超群，行走江湖，成为一个受人敬仰的英雄。长大后，爱看史书，特别崇拜那些叱咤风云、指挥千军万马的将军，比如韩信、卫青、霍去病。我发现，侠客和将军有巨大的不同：侠客冲锋在前，将军指挥在后，侠客英雄豪气，将军叱咤风云，侠客个人单兵作战，将军指挥千军万马！

几年前，电视剧《亮剑》在全国热播。剧中主人公李云龙就是一位有着鲜明个性的将军。论武功，李云龙不及警卫员魏和尚；论勇猛，不及一营长张大彪；论学历，比不上政委赵刚。但李云龙有一个独特的本事，就是能激活独立团整个团队，能带领团队打胜仗。首先，"有李云龙在，独立团就嗷嗷叫，就像一堆干柴烈火，一点就着"！其次，"李云龙打仗鬼点子多"！再次，训练队伍敢真刀真枪，宁可训练中受伤，也不要战场上丢命。

今天的企业，中层干部大多数是"侠客"，而非"将军"。所谓侠客，即个人能力很强，勤于做业务，擅于解决难题，是业务型经理人；而将军是团队能力强，勤于做管理，擅于带领队伍，团队冲锋陷阵，是管理型经理人。从侠客到将军的改变，就是从业务型经理人转变为管理型经理人，从管事到经营人的转变。核心就在于四个方面：

一是给员工设定清晰明确的目标。

二是想尽办法调动员工的士气和激情。

三是提升员工能力，帮助员工找到实现目标的方法。

四是抓检查，抓落实，抓执行，让员工养成立即执行的习惯。

这四个方面，正是绩效增长模式的四大模块；第一是目标，第二是措施，第三是评估，第四是激励。

所以说，绩效增长模式的目的之一是挖潜能，核心是提升中高层干部的绩效管理能力，让每个中层干部从"侠客"转变成"将军"。这也是为什么绩效增长模式课程，被越来越多企业引进作为企业中高层培训核心课程的原因。我曾经给中国著名花生油品牌鲁花做了两场绩效专场培训。第一次是给营销系统的70多家分公司管理干部进行培训，第二次是给生产系统的十几家工厂管理干部进行培训，累计参训的中高层干部达到400多名。随后多年，鲁花又派出一批又一批干部参加绩效增长课程，鲁花集团董事长孙孟全先生认为："绩效增长是鲁花每一个中层干部必须掌握的一门技能"。

让员工从"绩效奴隶"到"绩效主人"

绩效增长模式与传统的绩效考核或者绩效管理不同的地方在于，它更强调自我管理和自主管理。在传统的绩效考核状态下，员工处于被动局面，目标由上级下达，打分由上级进行，结果由上级评价，奖罚由上级主导，员工是"绩效奴隶"。没有发言权，难以改变命运，还会出现消极怠工、出工不出力等"无声的抵抗"。这种状况的持续会给企业带来巨额的损失。美国盖洛普公司有个调研显示，77%的美国人痛恨他们的工作，由此带来生产率的降低使美国企业每年损失3500亿美元。

绩效增长模式的核心驱动力，是让员工从"绩效奴隶"转变为"绩效主人"，表现在以下四个方面：

目标：从被动接受，到主动参与，从要我做，到我要做。

措施：从没有方法，到主动思考，从个人冥思苦想到群策群力。

评估：从上级检查下级，到自我检查，即时反馈。

激励：从上级处罚下级，到自我承诺，自我兑现，自我激励。

绩效增长模式的核心是让每个员工从被动到主动，成为绩效主人，我的绩效我创造，我的价值我分享，我的目标我达成，我的事业我做主！

总之，绩效增长模式一定是让"企业业绩增长、员工收入增长"的双赢系统。

企业赢，一是在市场环境好时，企业经营业绩要比同行更好；二是在市场环境不好时，即使亏损，企业也是亏损最少的。

员工赢，就是做得好的员工，在企业有更多的收益和成长空间；做得不好的员工，有改进和提升的空间。

第二篇

绩 效 增 长

《孙子兵法》中云："上下同欲者胜。"绩效增长首先要有"上下同欲"的目标。而要"上下同欲"，首先必须"上下同频"，否则就会出现鸡同鸭讲、政令不通的现象。理清楚"上下同频"的目标，再让员工和主管"上下同欲"。那么，目标清晰了，管理也就成功了一半。这就是企业成功的秘密。

第四章

目标系统——唤醒员工心中的狮子

上下同频，才能上下同欲。

制定目标的本质就是上接战略，寻找新的利润增长点。

问题点就是利润增长点！需求点也是利润增长点！

制定目标要三看：一看历史（过去）；二看行业和标杆（现在）；三看战略（未来）。

人人都是企业利润增长的发动机，每个岗位、每个部门都能为企业利润增长做贡献。

让财务、人力资源、行政等部门成为企业的"谋士"。

当员工心中的爱被激发，当员工心中的狮子被唤醒时，才会为目标全力以赴。

如果一个人心中没有一个明确的目标，就会虚耗精力与生命，一个企业没有明确的目标，同样会徒耗激情，创业理想也终将化为烟云，这就如同超级跑车，无论外表多么漂亮，如果没有最强有力的引擎，最终是废铁一堆，发挥不了任何价值。目标就是企业经营强有力的引擎！

第一节 目标清晰了，绩效管理就成功了一半

做企业如同大海中的航船，没有目标或者目标不清晰，任何方向的风都是逆风。企业竞争激烈，如同逆水行舟，不进则退。没有目标的牵引，企业就会丧失前进的动力，也就没有美好的未来。反观那些成就丰功伟业，传承百年的优秀企业，无一不是有远大梦想和目标的。

对于企业高层，有目标者有发展

某胶囊生产企业，为药厂做配套胶囊的生产，年销售额 4000 万元左右。该企业老板来上"绩效增长模式"课程，听我讲解完目标系统后，他对我说："江老师，我终于找到问题了。我的企业每年做 4000 万元左右，做了 10 多年，业绩一直没有增长，核心的原因是我没有长远发展的战略目标。"为什么他会这么说？原来他的企业订单很稳定，每年盈利也有 700 万元至 800 万元，小日子过得很稳定，典型的小富即安思维。结果是当别的企业乘风而上快速发展时，他的企业还在原地踏步，远远落后于别人。

如果把企业比喻成一艘航船，未来航向和目标非常重要。没有目标，就是没有航向，没有未来。纵观那些优秀企业，成功要素一箩筐，但第一个，一定是创始人有一个远大的梦想和目标。

成功绝大多数都是有规划的，那种类似天上掉馅饼似的成功少之又少。而要超越对手赢得竞争，首先必须要给自己制定高远的目标。

世界排名前列的服饰企业日本迅销集团老板柳井正在其著作《经营者养成笔记》中谈到，"回顾迅销的发展历史，在公司需要大胆飞跃的时期，迅销总是为自己制定销售额达到3~5倍的长期目标。比如，在销售额是100亿日元时，制定300亿日元的目标；在销售额是1000亿日元时，制定3000亿日元的目标；在销售额达到3000亿日元时，制定的目标是1万亿日元。"

对于企业来说，高目标=高发展，低目标=低发展，没目标=没发展！柯林斯在《基业长青》里也提到，制定胆大包天的目标，成功首先是要有想成功的梦想和目标。正如孙正义所说：一切的成功都源于一个梦想和毫无根据的自信。

对于企业中层，有目标者有管理

对企业中层干部来说，目标管理太重要了。我在给企业进行培训，以及在入企辅导时，经常会问中层干部这样一个问题："上班第一件事干什么？"答案千奇百怪：

打开电脑回复邮件……

收拾桌子搞卫生……

到老板办公室听指示……

只有少数管理者会回答：明确当日工作目标。这太重要了，管理要围绕目标转，有目标者有管理，没目标者没管理。

我参加某制造企业夕会，各部门依次报告当日工作成果。销售部：今天的销量是3万只，比昨天业绩好，主要是今天我们加大了促销力度。生产部：今天的生产合格率是98%，工人技能还需要提高，尤其新工人技能不熟练。采购部……这哪里是做管理，这是在报每日流水账啊。我问了他们几个问题："你们在讲今天总结之前，能否先讲一下你的工作目标。比如：今天的合格率目标是多少？这周的合格率目标是多少？98%的合格率是离目标更近了，还是更远了？工人技能目前是什么状况？技能提升的目标是多少？多长时间完成？责任人是谁？"

管理必须以目标为标尺，围绕目标做管理。当目标清晰了，员工就知道工作的追求和方向。没有目标导向，任何方向的风都可能是逆风。有了清晰的目标，才可能有真正的管理。

对于基层员工，有目标者有成果

哈佛大学有一个关于目标对人生影响的跟踪调查。对象是一群智力、学历、环境等条件差不多的年轻人，调查结果发现：27%的人没有目标；60%的人目标模糊；10%的人有清晰但比较短期的目标；3%的人有清晰且长期的目标。25年的研究结果表明，那些占3%有清晰且长远目标者，25年来几乎都不曾更改过自己的人生目标。25年来他们都朝着同一方向不懈地努力，25年后，他们几乎都成了社会各界的顶尖成功人士，他们中不乏白手创业者、行业领袖、社会精英。

那些占10%有清晰短期目标者，大都生活在社会的中上层。他们的共同特点是，那些短期目标不断被达成，生活状态稳步上升，成为各行各业不可或缺的专业人士。如医生、律师、工程师、高级主管，等等。

其中占60%的模糊目标者，几乎都生活在社会的中下层面，他们能安稳地生活与工作，但都没有什么特别的成绩。

剩下27%的是那些25年来都没有目标的人群，他们几乎都生活在社会的最底层。他们常常失业，靠社会救济，并且常常都在抱怨他人，抱怨社会，抱怨世界。

每天按部就班，生活终究是原地踏步。如果每天前进一点点，工作将会有大改观。每天上班时，思考一下当天的工作目标，每天下班时，总结复盘一下当日的收获，点滴进步，涓涓细流，终究会汇成江河湖海。

第二节　自检自测：企业的目标清晰吗

建立"上下同频""上下同欲"的绩效目标，你的企业做得怎么样呢？让我们先自检一番。

忙、盲、茫

张总在南方经营一家服装公司，从创业至今快十年了，在产品设计上逐步形成了自己的特点。但在最近两三年，公司的业绩徘徊不前，张总非常头痛："为什么我这么忙，公司的业绩反而上不去呢？"

为了解决这个问题，张总邀请我去她的公司做调研。在约定好的时间，我到她办公室时，她刚下飞机不久，风尘仆仆地从外地赶回来。我一看她的办公桌，就大致明白她为什么这么忙了：案头上摆着一摞等着她签字的各类报批程序、报销单、合同等，连员工打车的发票报销单也都要她来签。在我和她访谈的 30 分钟内，不断有中层干部进来请示工作，甚至排队等着她签报批单。她不停地向我致歉："江老师，请你稍等我一下，我必须把这个单子签掉，否则他们没办法工作了。""江老师，不好意思，我出去了几天，积压的事情太多了。我得把下面员工的事情安排好。"期间，她的电话更是数次响起。

调研中，我找张总公司的几位中层干部谈话。我问他们："你们张总这么忙，她把你们的事情都安排好了，那你们感觉轻松吗？工作井然有序吗？成效怎么样？"

中层干部们都很激动："老师，我们也很忙，但工作没有成效。张总干劲十足，我们也很佩服她。但是，她经常是想一出做一出，东一榔头，西一棒子，一会儿这样、一会儿那样，计划经常变。譬如她让我们做一个项目，我们花了好大的劲，刚有一些眉目，却突然告诉我们这个项目不做了，我们现在来做另外一个项目。"

接着我们又走访了一些基层员工，相对于老板和中层干部，基层员工确实很轻松，上班聊 QQ 的，打电话的，玩微信的……可以说各种玩法，应有尽有。

我说："我看你们的老总和经理们都很忙，但是你们好像挺轻松嘛。"

他们说："老师，我们也不想啊。我们看到高层和中层都很忙，有时候想找他们咨询事情都找不到人，不知道他们在忙什么。我们想帮忙，又使不上劲。"

"你们知道公司的目标吗？自己有目标吗？有想过没有，希望自己的未来是个什么样子的？"对此他们一脸茫然。有个同事说了一句："没目标，没未来，那就只能混日子喽。"

这是一个典型案例！企业目标清晰，不是指哪一个层级，或哪一个岗位的目标清晰，而是指企业所有岗位的目标清晰。纵向上，包括高层、中层和基层；横向上，包括销售、生产、采购、研发、物流、财务、人力、行政等部门。在企业绩效辅导过程中，我们发现目标不清晰的现象主要表现为以下几种情形。

1. 高层目标不清晰，尤其是老板和副总

这个结论可能会让人感到诧异，但这是事实。我辅导过上百家企业，几乎90%以上的企业老板和副总是没有目标的。可能有人会说，企业的目标就是老板的目标，老板就要为企业的利润负责，老板怎么可能没目标？如果你不信，那么我问你几个问题：

（1）企业要盈利，要发展，要做到持续盈利、基业长青。作为老板，你的年度目标是哪几项？如果只抓6~8项，你会抓哪几项呢？企业经营管理，要抓住"牛鼻子"，老板的时间有限，如果要锁定核心重点，抓住企业经营管理的"牛鼻子"，那么这个"牛鼻子"是哪几项呢？

（2）作为老板，你要负责公司的全面工作，但你的时间去哪儿了？你的时间是否应该放在公司的核心目标上？你的时间花在哪里，你的成果就出在哪里！为了实现你的目标，你的时间应该花在哪里呢？

（3）你的工作是在当消防员救火，还是在谋划未来，思考3~5年后企业的发展和战略规划？你是在解决当下的生存问题，还是在寻找下一座利润"山头"？你的目标有多少是关注当下业绩，有多少是关注企业未来？

至于副总，就更有意思了。很多企业设置了副总岗位，分管业务单位或者职能部门，但大部分副总都是"富余的总"，是二传手，根本没有发挥副总应有的作用。

（1）副总的目标是什么？分管单位的目标是副总的目标吗？如果是这样，那么副总和下属分管单位的负责人不就重合了吗？

（2）副总的价值在哪里？是当二传手吗？副总与老板是什么关系？是帮老板分忧解难？还是老板管不过来，所以由副总来管？

（3）副总的责权利清楚吗？如果责权利不对应，只有责，没有权和利，那么副总怎么开展工作？

（4）副总是关注过去、当下，还是也要思考未来？

2. 职能部门目标不清晰

尤其是财务、人力资源、行政、法务、办公室、审计部等二线部门，我们来看一家企业二线部门的目标：

- 在1月1日前减少当前经营所需的费用。
- 在年前减少由于故障事故而损耗的工时。
- 在年内建立采购三方比价体系。
- 加大对外招聘力度，确保部门用人需求。
- 采取各类方法提高员工满意度。

这些目标不清晰，表现在两个方面：一是无法量化。量化包括数字化和细节化。无法量化的核心是没有想清楚二线部门到底要干什么。二是没有时间节点。到底要什么时候完成，没有准确的时间点。

彼此关联吗

天鹅、梭子鱼和虾一起拉车，三个家伙都很使劲，但小车几乎一动不动。原来天鹅向天上用力，虾一步一步往后倒拖，梭子鱼又朝着池塘方向拉，它们用尽力气却收效甚微。三个家伙都累坏了，最终车子也没有拉到目的地。

在企业内部，由于每个部门的职责不一样，各自侧重点不同。所有人都拼命在为自己的"本职工作"努力，大家都想当然地认为，只要把自己的事情做好，公司的事情自然就好了。这就好比寓言故事中的天鹅、梭子鱼和虾。

我去一家商贸企业做绩效辅导时，人力资源部提出本部门的三个目标：

（1）撰写人力资源规章制度60份，12月31日前完成，张三负责。

（2）搞4次企业文化培训，每季度一次，李四负责。

（3）招聘10名中高层，11月30日前完成，王五负责。

据了解，该企业销售目标是从1.8亿元做到3.4亿元。我问销售部门，要完成这个目标，需要些什么资源？需要公司二线部门（比如人力资源部）给你们什么样的支持？他提了三个：

（1）开10家新店，最需要10个店长，200个员工到位，7月30

日前到位。

（2）搞4次销售技能培训，每月1次，9月30日前到位。

（3）做好销售激励机制，人均提升销售额15%。

销售部需要的是基层员工，人力资源部的目标却是招聘中高层；销售部需要的是销售技巧培训，人力资源部的目标是企业文化培训；销售部需要的是激励制度，人力资源部的目标却是规章制度。很显然，由于人力资源部和销售部之间的目标不关联，两个部门之间不能很好地支持和配合。

彼得·德鲁克曾说过："通过由上而下或自下而上层层制定目标，在企业内部建立纵横连接的完整的目标体系，把企业中各部门、各类人员都严密地组织在目标体系之中，明确职责，划清关系，使每个员工的工作直接或间接地同企业总目标联系起来，从而使员工看清个人工作目标和企业目标的关系，了解自己工作的价值，激发大家关心企业目标的热情。"而现在很多企业部门之间的目标都是不关联的，这种现象在民营企业中尤为突出。

具体表现在：

（1）销售、生产、采购之间目标关联度不够。

要么销售大于生产，出现缺货现象；要么生产能力过剩，产品生产过多，出现大量库存；要么采购与生产目标之间不匹配，缺原料，影响交货。

（2）一线和二线部门之间目标缺乏关联。

财务、人力资源、行政等职能部门的目标，与一线销售、生产、采购等部门的目标之间是什么关系？是各自忙各自的，还是先有一线部门的目标，后有二线部门的目标？

（3）上下级目标没有关联。

公司战略目标与一线和二线部门之间的目标是什么关系？战略目标关注未来和运营目标关注当下是什么关系？如何很好地平衡当下和未来之间的关系？

目标有挑战性吗

我去一家企业做辅导时，我问这家企业的销售总监："你们今年的销售目标是多少啊？"他说是5000万元。我再问："完成这个目标的把握有多大？"他乐呵呵地说："老师不用担心，这个目标太容易了，我们有100%的把握能完成。"

100%能完成，那还叫目标吗？那叫囊中取物。在目标制定中，有这样一句话，"目标高了压死人，目标低了养懒人。"目标过高和过低都不好，那么如何判断企业目标是否具有挑战性呢？是按照目标达成率来评判吗？

1. 目标达成率高是好事还是坏事

很多企业喜欢用目标达成率来判断工作做得好与坏，其实这个标准是有问题的。企业两个部门间经常出现这样一幕：一个部门目标定得低，另外一个部门目标定得高，比如A部门目标是3000万元，B部门目标是4000万元，到年底两个部门同样完成3500万元，那么A部门目标达成率是116.7%，B部门是87.5%。A部门目标达成率高，B

部门目标达成率低？达成率高是好事吗？不见得，其实双方的结果是一样的。那么达成率低是否就意味着目标过高，太具有挑战性了呢？也不见得，因为目标可能不高，但我们做得比较差。

如果两个部门绩效基数一样，都是 5000 万元，那么 A 部门绩效是 5000 万元×116.7% = 5835 万元；B 部门的绩效是 5000 万元×87.5% = 4375 万元。在相同的市场条件下，目标定得越高，拿得越少；定得越低，拿得越多。所以很多企业出现这样一种情况，老板看到市场机会，增长率超过 30%，甚至 50% 都没问题，但员工都说目标太高了，达不成。为什么会出现员工期望目标定的越低越好？不是员工心态和意愿的问题，真正的原因是机制出了问题。

2. 同期增长率高是好事还是坏事

有的企业喜欢用同期增长率来衡量工作的好坏。比如今年的实际业绩比去年同期增长达到 30%，就说明企业状况良好。这是否正确呢？不对。因为采用基于历史状况的对比存在以下问题：

首先，这是自己跟自己的过去比，每年都有增长，但是与对手比，可能会发现增长速度慢了。比如我的同期增长率是 30%，但是对手普遍做到了 50%，这说明什么呢？说明企业的竞争地位在日益衰落。

其次，这种做法会降低参照标准，完成预定计划，并不代表打败了竞争对手。

3. 四种不同的衡量基准

怎样制定既有挑战性，又有合理性的目标呢？伦敦商学院教授朱尔斯·戈尔达和托尼·埃克尔斯提出了四种不同的业绩衡量基准[⊖]（见图 4-1）。

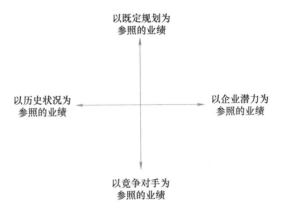

图 4-1　业绩的四种衡量基准

　　基于这套理论，对目标的达成率，我们要从多维角度客观地看待。首先，是参照既定规划，说到有没有做到，这是承诺的兑现与否；其次是参照企业的历史状况，与昨天相比，今天有进步吗？再次是与竞争对手的比较，同样的发展，有没有比对手增长更快，或者遇到同样的外在困难，有没有比对手损失更小；最后是与企业潜力比较，企业潜能有没有被发挥，有没有最大化激发员工潜能。

你的目标制定对员工有激励吗

　　目标制定是程序化的工作，还是一个激励员工的过程？目标制定是让员工被动式参与、被迫式接受，还是让员工主动参与、积极

　　⊖　《常识的正面与反面——伦敦商学院至关重要的管理课》，朱尔斯·戈尔达，托尼·埃克尔斯著，中国商业出版社。

互动的过程？目标制定是员工与企业讨价还价，互相耗费心力，还是积极进取，创造工作价值的过程？

很多企业把定目标的过程，变成了一场菜市场买菜"讨价还价"式的拉锯战。民主一点的企业，交战双方各执一词，据理力争，不相上下。老板想说服员工，市场机会无限大，但员工有自己的想法，竞争太激烈，竞争对手太狡猾，最好稳中求胜。独裁一点的企业，听员工的建议，员工可以陈述理由，但最后拍板的还是老板，所谓听大多数人的意见，与少数人商量，最后自己一个人决定。霸权企业，老板直接下达命令，要么接受，要么走人。

不管哪种方式，最后的结果几乎一样：老板是出资人，企业是老板的，老板对工资发放、职位晋升、人员去留有"生杀大权"，员工可以提建议，最终必须接受，所以心气拧在那儿。上下不通顺的结果是：上下既不同频，又不同欲，更不同心；最终结局是：年年达不成目标年年定，年年定目标年年达不成。

第三节　增利润：制定目标就是寻找利润增长点

制定目标的本质是什么？

我看到很多企业这样定目标：2018 年销售额是 1 亿元，2019 年保底目标是 1.3 亿元，挑战目标是 1.6 亿元。当我继续追问，为什么保底目标是 1.3 亿元，不是 1.31 亿元，也不是 1.29 亿元呢？很多企业一片茫然，有人甚至说："江老师，这不是钻牛角尖吗？我哪有计算得那么精准！"

请不要误解，我没有要你做数学题，我的意思是：1.3 亿元意味着什么？1.3 亿元是怎么得出来的？是在家里闭门造车想出来的，还是通过走访市场调查出来的？1.3 亿元比 1 亿元多出了 0.3 亿元，这背后有哪些新的业绩增长点呢？如果找不到业绩增长点，我凭什么相信你呢？

目标＝老数据+新增长

基于企业的基本特性，企业是营利性组织，首先必须要盈利。而企业内部的各个职能部门，基本的工作职能要做好，但做好职能的目的是帮助企业赢得市场，赢得竞争。

从长期辅导企业的实践出发，我发现很多企业在制定目标时，只是把基本职责进行重新描述，制定出的目标没有体现应有的价值，没有体现出改善和增长。这种原地踏步模式，导致每年定的目标都类似，不利于企业在竞争激烈环境下发展。为了激活员工为公司发展做出贡献，也为了激活员工每年持续改善，制定目标的本质，是在老数据基础上寻找新的增长点。

某电梯制造和销售企业，订单充足但产能供给受限，核心是安装电梯的周期太长，从前期的电梯井检查、整改，到后期的安装、调试、整体验收，平均需要 40 天时间。仔细分析发现，真正花费在安装电梯上的时间也就在一周左右，大量的时间浪费在等待、沟通、协调的过程中。比如：前期发现电梯井墙壁达不到安装要求（小瑕疵，某个墙壁突出一块等），安装公司就会和业主方反映，业主方再联系施工方，施工方再安排人来进行整改和维修，这其中的等待和维修到位时间，快则2~3天，慢则4~5天，而且业主和施工方都觉得这样做麻烦，不仅要花费人工，还要大量协调和重新确认。安装好后，不是单台调试好就验收，而是等整体安装好后再验收，这又浪费了大量的时间。

在发动员工进行讨论时，我们首先肯定安装工的辛苦和付出，接下来再动员安装工头脑风暴，群策群力，进一步寻找利润增长点。当思维被打开后，大量的利润增长点浮出水面：

（1）可以绑定一个施工队进行长期合作，向业主提供电梯井整修服务。

（2）大量报检、报批手续由公司统一协调，业主方提供配合。

（3）缩短电梯整体安装时间，从40天可以改为20天。

这些增长点如果做到，有三方面好处：一是为公司增加收入，每台电梯安装收入可以增加2万元，每年300台，即可增加600万元；二是缩短交付时间，公司电梯安装产能可以提高30%；三是一站式服务，大大提高客户满意度。

从这个案例可以看出，如果是按传统定目标的方式，安装工会提出：要增加工作量，按照安装流程进行，确保安装效果等方面内容，但对改善企业业绩和客户满意度没有多少帮助。从寻找利润增长点出发，可以大大提高员工的岗位价值。

三重利润增长

按照层级划分理论，企业有三个层级：高层、中层、基层。分别对应三种不同的利润增长：高层要思考战略目标，是在寻找利润山头；中层要思考运营目标，是围绕战略目标寻找利润增长点；基层要思考岗位操作目标，是围绕中层的利润增长点寻找岗位上的操作指令和目标。

1. 战略目标：寻找下一座利润山头

战略是关于未来的。战略目标，是企业对未来的思考，是寻找未来 3~5 年企业利润的下一座山头。对于企业高层而言，既要低头拉车，更要抬头看路，战略目标的清晰，拓展的是企业的利润空间。按照市场经济规律，在某个行业如果有巨大的利润回报，势必会吸引大量的竞争者介入，竞争导致利润回归到常态，接着步入微利经营。这是市场经济竞争的本质趋势。对企业来说，行业超高利润回报存在不可持续性，企业必须双管齐下：一是深挖内功，形成竞争壁垒；二是向外突围，寻找新的利润山头。

某水泥代理商，代理某央企的区域水泥经销，下游客户是搅拌站和工程项目。现在水泥行业经营越来越痛苦，一方面是水泥厂要求现金付款，另一方面是下游拖欠资金，回款难。随着各种成本上涨，利润越来越薄，如果资金不能迅速安全回笼，企业将面临巨大的经营风险。如此情况，未来怎么办？下一座利润山头在哪里？

对于该代理商来说，它存在的理由是什么？有什么样的竞争优势呢？其实厂家需要代理，就是转移资金的回笼风险，而对于下游来说，不从厂家进货而是从经销商，就是因为经销商可以赊销。如果下游资金充裕，直接从厂家进货，成本更优惠，未来去代理化就有可能成为一个趋势。

下一座利润山头在哪里呢？一是整合上下游，比如介入到搅拌站、水泥制品、强化产业链竞争力，可以投资或参股；二是对项目进行筛选，精挑细选好项目进行合作，形成长期的稳定的战略合作关系；三是转行介入其他行业。

如何锁定下一座利润山头呢？可以从以下几方面进行思考：

（1）行业利润山头。问自己几个问题：我处于什么行业？未来3~5年，行业会有什么变化？行业的利润山头在哪里？在产业链的哪个环节？

（2）区域利润山头。现在的区域业绩如何？下一座利润山头在哪个区域？下一个根据地在哪里？比如：新疆某饲料企业，其战略定位为：立足新疆、辐射西北，我说你的区域定位不对，你不是立足新疆辐射西北，你应该是立足新疆辐射中亚！这就把它的向往眼光转移了，因为中亚有十几亿人口。

（3）产品利润山头。现在的产品业绩如何？未来产品会发生什么变化？下一座利润山头会是哪个产品？

（4）客户利润山头。现有客户结构和客户贡献怎么样？未来客户群体和需求会有何变化？下一座利润山头在哪些客户？在客户的哪些需求？

2. 运营目标：寻找利润增长点，让经营效率极大化

如果说战略绩效是寻找下一座利润山头，那么运营绩效就是让企业快速爬上山顶；如果说战略绩效比的是未来3~5年，那么运营绩效比的就是当年；如果说战略绩效拼的是定位和商业模式，那么运营绩效拼的就是投入产出和运营效率。如果说战略绩效是老板和高层操心的事情，那么运营绩效就是中层要关注的重点。当然，没有当下就没有未来，没有今天的播种就没有明天的收获。从这个角度上来说，运营绩效是把战略目标落地的一套系统。

3. 操作目标：把运营指标转化为操作指令和目标

如果说运营目标是各部门负责人要去考虑的，那么操作目标就是岗位上的具体要求。要把战略落地到动作，其实就是从战略目标，到运营目标，再到操作目标的落地和分级过程。如果把战略目标形容为屋顶，那么运营目标就是支撑屋顶的柱子，而操作目标就是每一块砖与瓦。

寻找增长点两大策略

1. 问题点就是利润增长点

一家玻璃制品（为酒厂生产酒瓶）企业的老板来上我的绩效增长模式课程，他的本意是要解决年底分配奖金的问题。以往企业年底发奖金，老板以红包的形式发放，具体金额由老板自己定夺。每年一到年底老板就头疼，不是这个高了，就是那个低了，总也不满意。我跟他讲，要发放奖金，只要把规则定清楚就可以了，关键是要解决钱从哪里来，然后再考虑钱该怎么分。

钱从哪里来呢？这个老板犯难了。我到他企业去了一趟。当时到工厂已经是下午5点多了，老板就先领着我到厂区转了一圈。首先是成品仓库，我看到里面的货品堆积如山，越往里面走货物堆积越多，有的上面积满了灰尘。成品库存过高，肯定是销售有问题。我就问这个老板，你们企业的销售怎么样，老客户订单量如何，新客户订单量占比有多少，大客户订单量是增长还是下降？问题一问，马上就发现问题了。实际上，该企业老客户订单量很稳定，但大客户自己采取零库存，要求该企业备货，库存中有很大一块是备货用的。新客户订单量不足，尽管企业有销售部，但是销售部员工大量的工作在维护老客户订单，新客户开拓能力不足。

接下来到生产车间。生产车间采取自动化流水线生产，两条流水线，每条流水线站着两个质检工，在每个质检工身边都有一个大竹篓子，用来装不合格品。我看到这些质检工技术非常娴熟，检验出不合格品直接扔到竹篓子里，扔进去就碎掉了，就成了垃圾。我就问这些质检工，每天要扔多少个，结果得到的回答是"我们只负责质检，只管扔，不管数"。我就问车间主任，车间主任说具体要看每天的统计报表，上道工序生产出来的产品减去质检后的合格品数量，就能计算出每天的不合格品数量。我要了上两个月的数字，发现合格率处于波动状态，好的时候是96%，不好的时候是86%，相差10个百分点。那么企业每天要生产多少呢？10万只。按照这个算法计算，如果是86%，就有14%的损耗率，每天损失14000只，一年365天（该企业每天24小时，一年365天连续不断生产），损失为5110000只，按照每只售价3元计算，一年损失就达到1533万元。

接下来从生产车间到办公区的路上，我看到马路上有一个窨井，缺了一个井盖，我就问行政部这个井盖子是什么时候丢的，这个负责人告诉我说已经有两天了。那为什么不补上呢？这个负责人说，补过了，但是装原料的大车一压就压坏了。但这个问题还没解决啊，如果有人掉下去怎么办？这个行政负责人告诉我的答案相当奇葩，不会的，我们都知道。我说如果我掉下去怎么办？他的回复是，江老师，你不是被我们领着走的吗？

对于销售部来说，核心是新客户订单的开发。对于生产部来说，核心是产品合格率提升。如果这两大问题解决了，对这家玻璃制品企业，就是一个非常人的利润增长。

企业最怕的不是出问题，而是根本看不见问题，或者看见了问题也不去解决，拼命去掩盖。问题同时也都是机遇，问题点就是利润增长点。在上述案例中，我们可以非常容易找到企业利润增长点。

2. 需求点就是利润增长点

这包括两个方面：对于一线部门来说，顾客的需求就是利润增长点；对于二线部门来说，一线部门的需求就是利润增长点。一线部门要以"满足客户需要"为出发点来制定目标，二线部门以"满足一线部门需要，服务好一线部门"为出发点来制定目标。

在辅导某珠宝公司制定其目标时，我问物流部几个问题：

（1）物流部的工作职责是什么？

（2）物流部的贡献在哪里？

（3）物流部对企业利润有无贡献，利润增长点在哪里？

经过反复讨论，最后我们找出物流部四大利润增长点：

（1）快速配送，及时准确。由于门店分散，需求信息收集及配送信息系统不健全，往往造成物流部送的不是门店要的，门店要的没送过去，造成 5% 的销售损失。如果配送及时准确率提高 3%，就能使销售提升 5%，这就是为企业创造利润和价值。

（2）库存控制。由于仓库归物流部管理，每家门店都有一个小仓库，每月常规储备黄金 1000 克，以 10 家门店算，就是 10000 克，但是门店需求并不需要这么多库存，如果按区域划分，能把库存进行集中管理，库存储备 5000 克，满足 10 家门店需要，就能降低库存量，节约资金，加速资金周转。

（3）二次加工。物流部还有一项二次加工职能，通过二次加工，提升产品价值，提高销售额，提高产品利润。此项每年可以给企业创造 5% 的业绩贡献。

（4）损耗检验。由于物流部还承担原料进货后的品质检验，若加强此职能的管理，杜绝非足金及款式款型的不匹配，就能为企业减少损失。

综合以上四项改革，物流部能为该公司新增 15% 的业绩。更为重要的是，过去只关注自己当下要做的事情的物流部，在经过我们梳理和辅导后，坚信自己也是创造利润价值的部门！

第四节　挖潜能：在制定目标过程中提升员工能力

要发动员工找到大量的利润增长点，除了给到相关的工具和方法外，还要转变员工的身份认知，提升员工的目标制定能力。

转变认知：人人都是经营者

管理大师德鲁克在《管理的实践》中提到三个工匠。第一个工匠说，我要养家糊口；第二个工匠说，我要成为全国最好的工匠；第三个工匠说，我在盖全国最好的教堂。就其各自的目标而言，不同的身份界定了不同的目标。第一个工匠，是打工的心态，目标是盖房子养家糊口，重点在赚钱养家糊口上，至于工作是多少，目标是多少，并不重要，最好是少工作，多收入。第二个工匠有远大的雄心壮志，但是他定的是自己的发展目标，是要成为全国最好的工匠。就好比很多企业的人力资源员工提到，自己要成为最权威的人力资源管理大师一样，这个目标对企业有什么好处呢？有，但也不一定，因为他更关注的是自己，而非企业。只有第三个工匠，他的目标与企业的目标一致，并且有相应的能力，才能盖出全国最好的教堂。

制定企业目标时，不是一开始就讨论如何去做，首先要做的是身份的转变与认同。请问：如果员工把自己看作是打工的，是"绩效的奴隶"，你认为他会积极地去寻找利润增长点，制定正确和有挑战性的目标吗？反之，如果员工把自己看作是老板，是经营者，是"绩效的主人"，那么他制定目标一定会更具有挑战性。

那么什么是经营者呢？其实经营者是一种身份认知。经营自己的工作，经营自己的事业，经营自己的幸福，经营自己的人生。无论你从事的是什么工作，都可以把自己看作是经营者，是自己的"CEO"。你所做的每一项工作，都是在经营。海底捞的服务员，在为客户提供服务时，发自内心的真心笑容，体贴入微的细致服务，让你感受到，他（她）们不是服务员，而是经营者，经营自己的桌台，经营自己的工作，为客户创造价值。

重新认识工作价值

从价值创造过程，我们可以把企业部门和员工分成两大类：第一大类是销售、生产、采购等一线部门，这些部门是价值创造的主要部门；第二大类是行政、后勤等二线部门，这些部门负责管理和服务一线，是价值创造的辅助部门，他们是通过为一线部门提供服务最终创造出价值来。对每个部门，我们可以用一句话来总结其价值与贡献（见图4-2）。

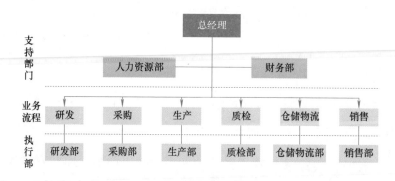

图4-2　企业各部门价值贡献示意图

研发部：以最少的研发费用，以最快的研发速度，研发出符合市场需求的最多、最好的产品。

采购部：以最低的采购费用，以最快的采购速度，采购到符合生产需要的最多、最好的原料，确保生产目标完成。

生产部：以最低的生产费用，以最快的速度，生产出最多、最好的产品，确保销售目标完成。

质检部：确保合格品出厂，不让外部任何人发现不良品。

仓储物流部：以最低的仓储成本，以最快的物流速度，保质保量地把货物运送给需求部门。

销售部：以最低的费用率，以最快的速度，卖掉最多的产品，同时把款收回来。

可以看到，一线部门直接为企业创造价值！

二线部门同样也在为企业创造价值！而且，其价值并不比一线部门低。当企业做大之后，二线部门的价值甚至会超过一线。

刘邦当年评定天下，论功行赏时，评价了三个人。他是这样评价张良的"夫运筹帷幄之中，决胜千里之外，吾不如子房（张良）；镇国家、抚百姓，给馈饷，不绝粮道，吾不如萧何。连百万之军，战必胜，攻必取，吾不如韩信。此三者，皆人杰也，吾能用之，此吾所以取天下也"（《史记·高祖本纪》）。

军功章谁排第一呢？是萧何！这三个人，其实代表着企业三个不同部门：

张良是市场营销部、战略规划部，是智谋和高参。韩信是销售部、生产部等，所谓韩信点兵，多多益善。萧何，镇国家，抚百姓，不绝粮道，是财务部、人力资源部、行政部。没有萧何月下追韩信，没有萧何的不绝粮道，前方胜利是很难取得的。这正是财务、人力资源、行政部等部门的巨大作用。

要制定二线部门的目标，首先要清楚二线部门的定位。拉升定位才能创造价值，很多企业对二线部门目标制定模糊不清，不知道如何制定二线部门目标，核心在于不知道二线部门的价值在哪里！

接下来我们运用二维分析法，对二线部门的价值进行剖析。二线部门有两个角色：第一是服务一线，即为一线提供兵马（人力资源）和粮草（财务资源），为一线部门打胜仗提供支持；第二是代表公司管理一线，二线部门是老板的左膀右臂，是智囊和参谋，要代表公司行使管理职能。

1. 财务部

财务部有三重定位，第一重定位是账房先生。主要发挥的是服务一线的职能，即管好钱，算好账。账房先生的核心绩效指标是会计核算的及时性、准确性，这个时候发挥的管理作用有限。第二重定位是理财幕僚。不仅是管钱算账，而且还要帮助企业理财，是老板的幕僚和参谋。这个阶段，财务部要能够切入经营，会财务分析，能够通过数据看本质，发现和分析企业的盈利点。告诉老板哪个业务赚钱，哪个业务亏钱；哪个市场赚钱，哪个市场亏钱；哪个产品赚钱，哪个产品亏钱；哪个客户赚钱，哪个客户亏钱；哪个员工赚钱，哪个员工亏钱。其次还要从全面预算角度，帮助企业把控收支，严格控制各项费用支出，为企业利润率提升提供保障。第三重定位是战略伙伴。不仅要切入经营，还要切入战略端，能够让钱赚钱，让钱生钱，通过资本运作，在企业筹资、融资、投资等方面，通过财务战略让企业做大做强。

我们可以把账房先生比喻为财务的小学生，理财幕僚是中学生，战略伙伴是大学生。财务从账房先生到理财幕僚，到战略伙伴的过程，就是财务价值不断增值和提升的过程，对应的是绩效指标的升级和薪酬待遇的提高。这三个阶段是一步一步跨越的，不可能小学生没有做好，就一步跨越到大学生（见图4-3）。

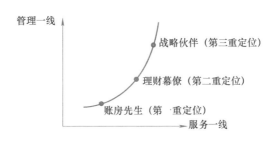

图 4-3　财务部的三重定位

2. 人力资源部

人力资源部的核心功能可以简略为四个字：选、育、用、留。但这四个字的不同侧重，体现了人力资源部在企业的不同阶段和不同价值定位。

人力资源部也有三重定位：第一重定位是人事部。提供基本的招聘、培训服务，核心工作是给员工发发工资、交交社保，做些人事辅助工作，在这个层面，选、育、用、留附在表面，更多的是招工、退工等工作。第二重定位是人力资源部。这个时候的选、育、用、留就会前进一步，招聘不只是基层员工，而且涉及中高层及核心骨干员工，为企业提供专业及管理等方面的培训支持，构建了企业内部培训师体系，对人才的使用开始介入，绩效考核、人才评估开始运行，分析人才的能力、优劣势，为老板提供人事决策。第三重定位是智力资本，选、育、用、留职能就会极大化地发挥。招聘不只是全方位的招聘、寻找猎头等，还会深入研究成功者基因，从而构建招聘的基因图谱；培训不仅是提供各类培训师资和培训服务，还在研究"员工成长路径图"；在用人方面提供专业分析，并且对组织架构、人员配置等进行建议和调整，最大化提升人均劳效；在留人方面构建企业人才留任的长短期激励机制，通过人才的持续发展，为企业基业长青提供支持（见图 4-4）。

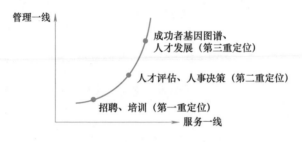

图 4-4　人力资源部的三重定位

3. 行政部

在有的企业，称之为总经办、办公室等。行政部也有三重定位。第一重定位是跑腿办，即上传下达等指令传输工作，或者买买日常杂货，跑跑腿。我在山东辅导一家企业时，其形象地把这个部门称之为"跑腿办"，工作内容就是"开开灯，关关门，打个灯笼送个人"。第二重定位是执行办，不仅跑腿，还在帮领导抓执行，具体职责为盯重大会议纪要的落地执行情况，对各部门执行进行追踪和评估，确保企业执行力的提升。第三重定位是文化办，对企业文化工作进行提炼、总结、宣传、推广，对企业使命、愿景、梦想等进行梳理，统一员工价值观。从第一重定位，到第二重定位，再到第三重定位，可以看出，行政部的作用和价值越来越大（见图4-5）。

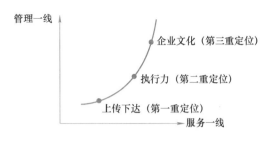

图 4-5 行政部的三重定位

综合以上，我们可以看到，二线部门有着巨大的价值。实际上，在世界500强企业，这三个部门的地位都是非常高的，甚至都高过一线部门。对民营企业而言，工作不是简单地干活拿钱，而是要创造价值！每一份工资的支出，都是企业的成本，员工是企业最大的资源。认识到每一个岗位的价值，激发每一个岗位的员工都能将工作价值最大化，是一个优秀的管理者所必须具备的能力！

制定目标的左脑思维能力

1981年诺贝尔生理学或医学奖获得者，美国斯佩里教授认为大脑是左右脑分工工作的：左脑支配右半身的神经和器官，是理解语言的中枢，主要完成语言、分析、逻辑、代数的思考、认识和行为；右脑支配左半身的神经和器官，主要功能是观赏绘画、欣赏音乐、凭直觉观察事物等。

制定目标，既需要左脑思维，又需要右脑思维。要真正驱动人的行为，让目标带来强大的内驱力，除了左脑要慎思外，右脑还要有激情，也叫"聪明的目标+激情的目标"。

1. 左脑思维：SMART 原则

1984 年，在东京国际马拉松邀请赛中，名不见经传的日本选手山田本一出人意外地夺得了冠军。当记者问他凭什么取得如此惊人的成绩时，他说了这么一句话：用智慧战胜对手。两年后，意大利国际马拉松邀请赛在意大利北部城市米兰举行，山田本一又获得了冠军。记者又请他谈经验。他回答的仍是上次那句话：用智慧战胜对手。

他说的智慧是什么？

10 年后，这个谜终于被解开了，他在他的自传中是这么说的：每次比赛之前，我都要乘车把比赛的线路仔细地看一遍，并把沿途比较醒目的标志画下来，比如第一个标志是银行；第二个标志是一棵大树；第三个标志是一座红房子……这样一直画到赛程的终点。比赛开始后，我就以很快的速度奋力地向第一个目标冲去，等到达第一个目标后，我又以同样的速度向第二个目标冲去。40 多公里的赛程，就被我分解成这么几个小目标轻松地跑完了。

山田本一的智慧，实际上就是目标引擎的 SMART 原则。

S：目标应该是具体的，而不是模糊的。山田本一的做法是将 40 多公里的赛程拆分为以银行、大树等具体的标志切分的赛段。

M：可衡量的。40 多公里的赛程分为"几个小目标"。

A：可达到的。40 多公里遥不可及，但一旦拆分成小目标后，每一个小目标都是可以达成的。

R：相关的。每一个小目标联结起来抵达赛程终点，围绕比赛的

"职责"环环相扣。

T：有时限的。每个小目标都以很快的速度达成，最终以最快速度到达赛程终点，获得桂冠。

2. 右脑思维：PASSION 原则

只用左脑思维定目标，是大多数企业的固有习惯，仅此还远远不够。在用 SMART 原则制定好理性目标的同时，我们还需要开动右脑，激发员工的激情。我们经常可以看到这样的故事：

一个浑浑噩噩度日、毫无人生目标的人，突然有一天，爱上了一个人，从此他的人生开始有了目标，他洗心革面，奋力拼搏，终获得不小的成就；一个游手好闲的人，因为母亲生病无钱医治而备受打击，因为母亲的嘱托，开始奋发图强，最后变成一个成功的企业家；一个从农村出来的小姑娘，第一次见识到大城市的花花世界，她为自己的亲人从来没有感受过这样的生活而难过，发誓有一天接父母来这里，让父母住上最好的房子，带父母多看看外面的世界，带着这样的目标，她终于成为年收入过百万的销售能手……

有了目标还不够，只有当员工心中的爱被唤醒时，他才会愿意为了目标全力以赴。目标不能到达员工心里，是因为我们的管理者在感性层面还做得不够，员工心中的美好情感没有被唤醒。甚至，如果右脑思维做得好，我们能把不可能变成可能。

运用左右脑制定目标值

在实际制定目标过程中，往往是左右脑思维同时使用，比如某企业制定年度目标值，可能既用了左脑思维——三杆定位法（保底、合理、挑战），又使用了右脑思维——择高而立，挑战自我。

（1）底线目标（保底目标）是必须达成的目标，它是工作要求的底线。

从企业层面，它的最低底线目标是企业的盈亏平衡点。低于盈亏平衡点，企业亏损；只有超过盈亏平衡点，企业才能盈利。从实际经营看，企业的盈亏平衡点是动态的。例如：

2022年企业的盈亏平衡点可能就比2021年要上涨10%，原因是企业成本在增加，包括人工成本的增长、原材料价格上涨、租赁成本增加、银行利率增加等。

从部门层面看，一线部门的底线目标是根据企业的盈亏平衡点测算与分解出来的，二线部门的底线目标是必须要完成的事情。

（2）考核目标（合理目标）是企业根据实际状况，参考上年实际值，制定出来的年度预算目标。

从企业层面看，其年度考核目标的制定一般会以上年度实际值为基础，考虑新一年的市场状况，综合自身的产品、区域、市场、员工等多种因素，制定出一个具有一定挑战性的目标。这个目标经过努力，是能够达成或者达成概率很高的。从经验数据看，在正常市场环境下，一般企业制定的下年目标会比上年目标有15%~30%的增长，有些企业甚至达到50%以上，具体因行业不同而差异较大。

IBM为销售制定目标时，遵循的一个原则是70%的销售员可以完成任务，只要他们努力，按照计划行事。作为对70%的销售员的奖励，他们将会成为"100%俱乐部"会员，即100%完成目标中的一员，并且每个人都会得到一个徽章，而且在下一年度中，他们还有额外的假期和奖金，上级领导也会为他们喝彩，表扬他们一年中创造的销售业绩，对30%没有完成的，公司会鼓励他们接受额外的培训，在工作中多花些心思，提高工作效率。

（3）挑战目标是高层次的目标，是企业的卓越目标。

这个目标实现起来有非常大的难度，是企业需要倾尽全力才能达成的目标，也是企业的宏图大志。挑战目标的制定一般要参考行业标杆企业和企业的期望值，是少数企业、少数人能达到的。挑战目标是在考核目标的基础上，再往上递增，通常会有20%以上的增加。

2009年，绝味鸭脖高管团队参加我的绩效增长模式课程，制定了3年业绩增长规划。到2012年，连锁门店达到5000家，业绩实现30亿元，成为中国卤制休闲食品第一品牌。超常规业绩增长，来自于企业远大的梦想和战略目标。这背后隐藏的逻辑是：30亿元，除以5000家连锁门店，每个店每年业绩是60万元；一年有12个月，每个店每月业绩是5万元；一个月30天，每天业绩是1670元；一天售卖10小时，每小时167元；平均单价30元，每小时卖5单多就够了。实际情况是：5000家门店，每天70多万人次购买，每天鸭脖销量达到100万根，年度营业额达到40亿元，超额实现目标。

第五节　建系统：建立上接战略、责权利清晰的
目标制定与分解系统

上接战略，打通一致性

绩效目标不是简单基于岗位职责来设定，而是要承接企业战略规划，变成团队的协同作战，体现员工价值贡献，让团队拧成一股绳，利出一孔。所以我们首先要思考，未来要成为一家什么样的企业？把公司的战略目标明确梳理出来，以终为始，制定出未来 3~5 年的发展规划，每一年分别做到什么程度，才能成为这样一家企业。

与此同时，围绕公司 3~5 年规划，当下这一年要实现的年度目标，从经营和管理两个角度来思考，分别做到什么才能支撑公司战略规划实现。公司目标是由各部门协同作战去达成的，所以要把各部门目标梳理出来；每个部门目标不是每个部门自己说了算，而是基于整个公司经营增长，需要各部门协作抓取的绩效价值和绩效增长点。把部门目标落实到员工身上，就变成员工岗位指标 KPI（见图 4-6）。

自下图可看出，从最高层的企业战略目标，到最基层的员工岗位 KPI，其分解是层层落实的，这是一个上下贯穿的逻辑。战略最终要转化为员工的目标和行为动作，这样才能真正落地。所以，自上而下是一个目标分解和梳理逻辑。

从另一个方向看，每一级目标的实现，都是对上一级目标达成的支撑。员工把自己工作做好了，自己的岗位目标实现了，整个部门的

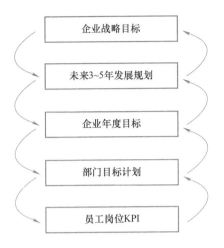

图 4-6　自上而下的目标分解示意图

目标计划也就实现了。如果企业中每个部门的目标计划都达成了，企业的年度目标也就实现了。企业每一年的年度目标都实现了，公司的发展规划也就实现了。公司的发展规划都能顺利达成，企业战略目标也就实现了。这是执行逻辑，是自下而上的目标达成支撑。

在实践中，企业最大的问题是上下贯穿不通透，关联不彻底。经常有企业高管跟我反馈说：江老师，我们的员工目标都达成了，但是部门目标没有达成；或者是部门目标都实现了，但企业目标没有实现。请问，这种情况真的存在吗？如果你的企业也是如此，那我要告诉你，你的目标分解逻辑一定是有问题的。$1+1=2$，这里面有一个严密的过程。如果出现 $1+1 \neq 2$，那一定是哪一个链条有问题。这就要进行回溯，核实上下目标之间的逻辑关联。

另一种情况就是严谨性不够，虽然指标间关联性很明确，但是目标值出现"上压下，层层加码"的情况，比如 CEO 的目标是 1 亿元，为了保证目标达成，CEO 会给销售中心定 1.2 亿元的目标；销售总监为了达成 1.2 亿元的目标，又往下压，给销售一、二、三部进行平摊，每个部门达成 0.5 亿元的目标，总体是 1.5 亿元的目标。这种没有客观分析，而进行简单粗暴的压力传导模式，最终会形成"上压下，层层加码，马到成功；下骗上，节节掺水，水到渠成"的虚假繁荣局面。

所以，目标的分解逻辑实质是寻找规律，合理定位，让人人都为战略做贡献，让绩效目标真正做到上接战略，下引行为，最终目的是确保战略达成。

左右关联：目标要相互协同，互相支持

部门目标达成关键在于协同。

部门目标协同，就如同一个木桶，木桶能装多少水，除了最短的那块之外，还在于板与板之间的缝隙。如果各部门之间协同不好，整个链条就会松松垮垮，或者部门之间各自为战，为了自己的小目标，而忘了服务客户实现企业整体增长这个大目标。

看一个案例：

某一钢材仓储物流园，客户是大型钢材企业，物流园为客户提供仓储物流和生产加工服务。整个园区的出租率已经达到95%以上，业绩增长只有4%的空间，显然已经达到瓶颈了，企业步入成熟期。从财务报表上看，前几年利润率一直是11%~12%，但现在利润率只有3%。为此，公司决定将经营目标从关注销售，转向关注利润率。

公司上一年的收入目标为5000万元。按增长率为4%来计算，今年的业绩最多可以做到5200万元，但利润率要提升8%，达到11%，怎么做呢？

首先，分析客户。根据业务量、周转率、利润，将客户分为ABC三类。A类客户，业务量大，周转快，利润高；C类客户，业务量小，周转慢，利润低；B类客户介于A类客户与C类客户之间。公司目标是把A类客户从8个开发到10个，增加2个，但由于场地面积有限，所以必须淘汰C类客户。怎么淘汰呢？对C类客户进行提价，通过价格进行淘汰。如果C类客户愿意接受涨价，利润率就可以提升；如果C类客户不接受涨价，就选择退租。

其次，客户策略。抓A类大客户，增长2个；对C类客户进行提价，预计提升20%的业绩。找到业绩提升20%的方法，不能用20%的目标来考核。如何操作呢？把目标增长和机制增长关联：挑战更高目标。比如，保底目标4%，合理目标8%，达到8%以上，发放超额奖金。

再次，内部运营。为了实现A类大客户发展和C类客户提价，需要业务升级，提升客户满意度。否则提价不但达不到目标，反而造成负面影响。那么，如何提升客户满意度呢？通过梳理发现，影响客户满意度的有准交率和生产加工合格率。而作为钢铁加工行业，影响准交率和生产加工合格率的关键因素是：设备故障率和员工技能娴熟度。大型吊车故障率高，员工技能不足，会导致返工，由此影响准交率和合格率。而要提升员工技能娴熟度，就要加大培训，提升员工培训通过率。

最后，管控优化重点成本费用。为了提高利润率，还要考虑降低成本。怎么做呢？其一降低采购成本和营销费用，同比下降6%；其二提升人效，但人效不是降低员工工资，不是砍福利，而是要想办法提升人效，高绩效企业是人少，钱多，利润高，低绩效企业是人多，钱少，利润低。低工资不代表高绩效，相反，通过人效提升，可以让员工有高产出，高绩效。

这些协同逻辑是什么呢？其实是平衡计分卡的逻辑（见图4-7），对此看看我们上述业绩增长的策略，是不是有异曲同工之妙？

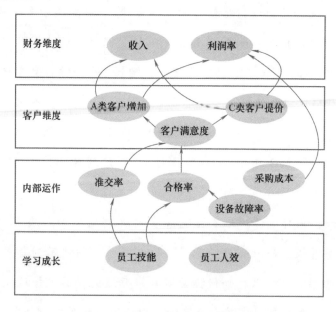

图 4-7　平衡计分卡的逻辑示意图

责权利清晰的目标系统

什么是责权利呢？责就是要达到的目标；权是为了达成这个目标

所需要配备的人员和资源，以及企业需要给到的种种支持；利是目标达成后需要给到的好处。实际上，目标不只是压力，也是动力；高目标，意味着高压力，如果达成高目标，也就意味着高收益；低目标，意味着低压力，即使达成结果也只能带来低收益。所以，有这样一个公式：

高目标＝高压力＝高回报

低目标＝低压力＝低回报

没目标＝没压力＝没回报

1. 责权利要清晰

首先是责任要清晰。也就是目标可量化，有明确的时间节点，责任到人。一线部门目标要明确，销售、生产、采购等部门目标要具备关联性；二线部门，尤其是财务、人力资源、行政等部门，基于"服务一线"和"管理一线"的职能定位，理清楚各自的部门目标。

其次是权利要清晰。即为了实现目标所需要配备的资源支持，也要十分清楚明确。销售为了实现业绩增长目标，是否需要增加人员？是否需要增加营销广告费用等各项预算？是否需要二线的财务、人力资源、行政等部门提供具体的支持？其他诸如生产、采购、研发等部门也一样。各部门权利的清晰意味着公司的资源投入方向明确。

再次是利益清晰。做好了有什么奖励，没做好又有什么处罚。没有说清楚利益，就会导致员工动力不足。当然不是每个人都为利益活着，有钱不是万能的，但没钱是万万不能的。

责权利的清晰，不能搞得太复杂，要在一张纸上写清楚，要在10

分钟内说清楚。如果一张纸都写不下，10分钟内还说不清楚，效果将大打折扣。

2. 责权利要对等

我去某企业做绩效辅导时，发现一个很奇怪的现象：那一年该企业的销售特别好，跟上一年比有很大的增幅，但是，我去他们的一个区域市场视察时发现，很多柜台的售货员都放假了，缺货了都没人补。我一看，赶紧找到他们这个区域市场的负责人，我问他："你们怎么回事，连货都没人补！"这位总监对我说："江老师，不要急。"我说："这能不急吗？年底是销售旺季，可是你们的一线都没人了。"交流后发现，原来这位总监早就知道情况。我问他："为什么知道情况也不去解决呢？"他的回答很神秘，他说："做那么多干什么呀？你今年做得多，明年目标更高。"他给我算了笔账，去年做了4000万元，工资是40万元。明年的目标就定到了5000万元，如果达不到，就扣10万元。如果明年做4500万元，虽然业绩多做了500万元，收入却减少了5万元。这种亏本的买卖谁愿意做？听他这么一解释，我心想难怪他会说"做那么多干什么呀"。

这个案例中，责权利不对等，所以导致了一系列问题。责任大，权益小，做多拿少，其结果肯定是往小处做。反之，如果权益大，责任小，也会出问题。责权利之间好像一个天平，一头担着目标，一头担着利益，中间的支点是资源支持（见图4-8）。

避免责权利的"跷跷板效应"。责权利的天平要保持平衡，不能一头高一头低。比如企业一方将目标拉高，将收益拉低，所谓多干

图 4-8　责权利的天平

活少拿钱。员工一方将目标拉低，将收益拉高，即少干活多拿钱。这两种思维模式都会出问题。重要的不是谁多谁少，而是要做到"水涨船高"。

3. 责权利要一起谈

今天企业定目标，责权利不能分割。不能只谈责，不谈权和利；也不能只谈权和利、不谈责。很多企业的情况是，责权利不是一起谈。年前谈责，年后谈权和利，或者年前谈责，年后忘了谈权和利。责权利一旦分割开，就会出现两种情况：谈目标的时候，一方把目标往上抬，另一方把目标往下压，通常是老板抬目标，员工压目标；当谈权和利的时候，一方把权和利往下压，另一方就往上抬。员工都会期望"钱多事少离家近，位高权重责任轻"。而从企业方角度看，希望以最小资源投入获得最大化的产出。这两种思考的背后都是人性，都希望己方利益最大化。

责权利一起谈，体现在时间和空间两方面。从时间上，不能出现分割，要一起思考；从空间上，不能缺失任何一部分。

4. 目标制定系统建设：功夫在前头

我在辅导企业过程中，很多企业家都问到这样一个问题：如何让员工自愿挑战高目标？这就好比问一个人，如何给自己主动压担子？一个举重运动员，能举起 200 公斤，能不能挑战 220 公斤、250 公斤？

同样的问题，其实也困惑我很久。为何同行业、同等规模的不同企业，制定出的目标挑战性不一样，一家提出的目标是增长 20%，而另一家提出的目标却是增长 50%？更有意思的是，提出增长 20% 目标的企业信心不足，而提出增长 50% 目标的企业却干劲十足，信心爆棚。影响和制约企业超越自己的到底是什么？在对比分析行业顶尖企业后我们发现，目标制定成败的决定性因素，其实都是在背后。

无论是组织还是个人，要制定高目标，必须有三大支撑系统。

（1）信念系统。

信念对于企业来说，就是始终如一坚持着的远大梦想。没有梦想，没有信念的企业，很难制定远大和具有挑战性的目标。反之，一个有梦想、有信念的企业，制定的目标一定具有挑战性。比如华为，任正非在 1994 年发出振聋发聩的十年狂想，"10 年之后，世界通信行业三分天下，华为将占一分"时，没有人相信竟然会有真正实现的那一天，据说当时大家都友好地笑了起来。1990 年，仍处于草创阶段的华为只有 20 多人，但"任老板很能激发年轻人的激情，经常给我们讲故事，讲未来"，用理想与未来引领年轻人的热忱与投入。回眸华为发展 30 多年来所经历的风风雨雨，我们很难想象，如果没有任正非对伟大理想与抱负的坚守，华为究竟会发展得怎样。让我们重温任正非的铿锵语言吧！"在这样的时代，一个企业需要有全球性的战略眼光才能发奋图强，一个民族需要汲取全球性的精髓才能繁荣昌盛，一个公司需要建立全球性的商业生态系统才能生生不息，一个员工需要具备四海为家的胸怀和本领才能收获出类拔萃的职业生涯。"当任正非说出这句话时，许多将要奔赴海外战场的华为勇士们激动得热泪盈眶，激情满怀。而理想的实现，是用愈挫愈勇的斗志、用屡败屡战的精神来完成的。正所谓艰难困苦，玉汝于成。华为凭借远大的梦想和坚定的信念、艰苦奋斗的精神，成为全球第一大通信设备制造商。

（2）能力系统。

所谓艺高人胆大，指的不是冒进，而是能力。某服装公司团购部，几年来业绩增长都是维持状态，每年定目标时总处于拉锯状态，然而对手却以 30% 以上的速度在增长。老板从这个团购负责人的嘴里，听到的永远是市场难、竞争激烈、员工流失等问题。在两次三番后，我建议该公司老板换人。第一，在别人看到都是机会时，他看不到机会，这是眼界问题；第二，在他所谈及的目标中，一直在强调市场困难，但对手却在以我方几倍的速度增长，这是能力问题；第三，他以零售思维做团购，这种思维本身就有问题，与其让其操盘一个事业部，不如让他另换一个岗位发挥长处。该老板最后听从了我的建议，从一个行业顶尖的对手那里找了一个人，不到一年时间，该公司就出现了大的转变。这就是高手的作用。

同样的故事发生在万科从600亿元到1000亿元的发展过程中，万科高薪聘请外部的培训专家对员工进行培训，结果收效甚微，当时的万科总裁郁亮百思不得其解。有一次，惠普中国总裁孙振耀一语道破："你们花很多时间和精力来培养做600亿元能力的人来做1000亿元的事情，为何不找一个做过1000亿元的能力的人来做800亿~1000亿元的事情。"这话让郁亮眼前一亮，从此开辟了万科人才抢夺战的序幕。有些能力不是培训就能塑造的，为何不去找一个高人呢？

（3）实现目标后的强大利益关联系统。

重赏之下必有勇夫。对个人来说，实现目标后的强大利益关联是指目标实现对自己的这种满足感，或者是名，或者是利。就好比花费很多时间追求到一个姑娘后那种幸福感。对组织而言，实现挑战目标需要极其强大的付出，这种付出必须有回报的支持。

第五章

措施系统——串起散落民间的智慧

常规的方法只能带来常规的业绩，创新的方法才能带来突破性增长。

没有方法，再低的目标也是高目标。

方法永远在现场。

员工的能力是问题逼出来的，是市场逼出来的。

企业给员工最大的福利是员工能力的成长，员工的成长速度与解决问题的难度成正比。

问题的提出者就是问题的解决者，每个问题请带上两个解决方案。

发现并提出问题是责任，解决问题是贡献，隐瞒问题是"犯罪"。

研究任何问题，必须秉承"一米宽、一千米深"的精神。

企业制定目标，是为了决定今天应该采取什么行动，才可以在明天获得成果，是以对未来的预期为基础的。因此要达成目标，必须采取行动塑造未来，权衡今天的手段和未来的成果，在不久的将来和遥远的未来之间求取平衡。

——彼得·德鲁克《管理的实践》

第一节　找到登山的路径

目标明确了，找到了要爬的"山头"，下一步是寻找登山的路径。没有措施方法，要实现目标是空谈。

某酒店致力于提高营业额，酒店经理为此制定了开展饮料促销活动的方针。在晨会上要求大家："今天我们要力争完成饮料促销任务。"但活动第一天的促销效果并不尽如人意，没有卖出多少饮料。于是，经理严厉地训斥了服务员们："你们都要打起点精神，明天要更努力一点。"结果，第二天情况仍不见好转，顾客们的反映并不明显。面对这种情况，经理再也坐不住了，对服务员们大声呵斥："你们就不会动动脑子吗，明天一定要实现目标。"酒店原本希望通过促销活动实现营业额增长 20% 的目标，由于计划受挫，只实现了增长 10%。

这家酒店的失误在于，只是明确了目标，但没有给到员工实现目标的措施方法。员工想攀登目标那座山，但是没有找到登山的路径。措施方法太重要了，有了方法，就能"成竹在胸"，锦囊妙计安天下。如果没有措施方法，就只能"望洋兴叹"，目标也就成了数字游戏。

传统的绩效考核，考核双方在制定好目标之后，员工去执行，等到考核期到来时，评估绩效达成结果，做得好的奖励，做得不好的处罚。双方照章办事，出现任何结果都无可厚非。但在实际操作中，由于缺方法，目标没有达成，绩效考核就变成扣钱（处罚）的多。于是员工就会抱怨、反对，时间一长，负面情绪强化，就会彻底抵触绩效考核。所以，不是绩效考核不好，而是由于缺乏措施方法，员工达不成目标，被处罚后怪罪于绩效考核了。

那么，到底要找什么样的措施方法呢？寻找措施方法是谁的职责呢？在上一章中，我们把目标切割成三个层次，即战略目标、运营目标、操作目标，相对应地，措施方法也分成三个层次（见图 5-1）。

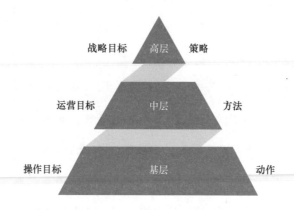

图 5-1　达成目标的三层次路径

基于战略目标的企业策略

一家养猪的上市公司，他们的战略目标是 2000 万头出栏，400 亿元销售额，同时建立零售终端品牌。那么要实现这个宏大的战略目标，具体策略是什么呢？是自筹资金、扩大规模、自建零售终端，还是收购兼并，运用上市公司的品牌优势和资本杠杆，短平快地发力？还是组建合资公司，通过控股合作模式来实现既快又稳的发展？

这就好比，从北京到上海，可以自驾游，也可以坐动车，还可以坐飞机，甚至可以徒步，你的选择是什么呢？策略的选择，既要考虑达成可能性保障，又要考虑成本、时间效率等，是一个在局限条件下的最优选择过程。

基于战略目标的企业策略，好比在大海中航行的巨轮，策略动作大，类似于巨轮拐大弯，其影响效果深远。比如，一家大型服装连锁企业，期望实现300亿元业绩额，提出多品种和大店经营策略，这就是一个运转架构的改变。一家连锁经营药店，采取前店后厂模式，这就是改变了企业的盈利模式，其影响已经超过了该企业内部，甚至影响到行业的操作模式了。

基于运营目标的措施方法

在战略框架下，各部门找到利润增长点，制定好目标，接下来就要思考实现目标的措施方法。上文中，我们提到一家玻璃制品企业，销售部的利润增长点是新客户订单量的增长，那么该如何实现呢？具体的措施方法是什么？生产部的利润增长点是合格率提升，同样该如何达成呢？有什么具体的方法？

这里面我们要思考，一般情况下，企业开发新客户订单的方法是什么？具体的业务流程是什么？是通过熟人介绍，还是直接上门进行陌生拜访？除了这些常规的方法之外，还有没有创新的措施方法呢？同样，生产部要提升合格率，首先要思考的问题是，合格率处于波动状态，时而在86%，时而在96%，第一步是否可以把合格率稳定在96%的水平呢？如果这样思考，那么合格率波动的原因是什么呢？是技术原因，还是管理原因呢？是原料环节出了问题，还是工人操作环节出了问题呢？

基于运营目标的措施方法，需要的是深入问题背后，寻找到本质原因和解决方案，我形象地将其形容为"挖地三尺、找到魔鬼、一招制胜"。如果把战略目标和策略比作"上天"，那么经营目标和措施方法就是"入地"。无论是上天还是入地，都是企业利润最大化"辗转腾挪的空间"。

基于操作目标的行为动作

在战略目标及策略明确下，在运营目标及措施方法清晰后，下一步是找到基于操作目标的行为动作。对基层员工而言，不是畅谈国家大事和企业经营等宏观策略，而是要扎扎实实地做好"行为动作"，实现当下的操作目标。就好比一个士兵，不是想着规划战役，也不是想着如何指挥战斗，而是应该思考如何把当下的枪法练好，到攻城略地时，能够一显身手，保存自己同时消灭掉更多的敌人。

再谈上文提到的新客户订单销售，如果方法明确了，即通过老客户转介绍，上门拜访的方法来攻克，那么到操作层面，具体到每位业务员，上门拜访应该说些什么，应该怎么说呢？应该展示哪些东西给客户看，应该具体做什么动作呢？这就提到行为动作的两个核心要素：话术和动作标准。

三个层面，对应三种不同能力

好比爬山，要想攀登珠穆朗玛峰，需要坚韧的毅力和超强的能力。能攀登上珠峰的毕竟是少数，成功亦然。对于企业高层（老板和 CEO）来说，我们要提升的是宏观的战略规划、经营策略和操盘能力；对于中层来说，需要提升的是"挖地三尺、找到魔鬼、一招制胜"的能力；对于基层来说，需要提升的是务实的动作执行和管理能力，先当好尖兵，做兵王，再当排长、连长、团长、师长和军长。"会当凌绝顶，一览众山小。"所有美丽的风景都在顶峰。经营企业又何尝不是呢？

第二节　自检自测：实现目标有措施方法吗

措施方法自检自测，就是对企业行为现状及能力系统做一个自我诊断。

实现目标有方法吗

还是那家玻璃制品企业，当我们向生产部反馈问题，并询问是否采取了各种可能的方法时，生产部负责人告诉我："江老师，这种波动状态一直是这样，无法从根源上消除。"

真的是这样吗？

首先，因为产品合格率达到过 96%，这就证明不是技术问题。现在问题是产品合格率上下波动，无法稳定在 96% 的水平，而这肯定是一个管理问题。

在进行一系列排查后，我们发现问题发生在一道工序上，这道工序一天三班倒，有三个师傅轮流操作，暂且称之为甲、乙、丙师傅。其中，甲师傅有超过 10 年的从业经验，每当甲师傅当班的时候，合格率较高，一般都在 95%～96%。乙师傅经验水平居中，合格率在 90% 左右。丙师傅从业经验最少，丙师傅操作的时候，合格率在 86%～87%。问题终于明白了，原来是乙师傅和丙师傅的操作水平，导致合格率低于预期。

问题找到了，该怎么解决呢？生产部负责人答复是这样，"江老师，这个经验是要靠时间积累的，短时间内无法提升。我们也想了些办法，但都没有明显的效果。"

真的是这样吗？

企业经营之难，难就难在高层缺乏策略，中层没有措施方法，基层没有行为动作，不知道该如何实现目标？企业充斥着负面思维和负面情绪，不可能，做不到，太难了，成为口头禅。

玻璃生产的经验真的不能传承吗？不可能！如果深入思考，你会发现，所谓的经验不能传承有着背后深层次的原因。其实，不是不能传承，是不愿传承。在中国自古就流传这样一句话，"教会徒弟饿死师傅"。如果教会徒弟后师傅享受不到好处，同时，徒弟出师后，企业雇用徒弟（因为徒弟费用更低），甩掉师傅，教会徒弟反而教出了自己的"掘墓人"，这种事情谁也不会去做。所以我们看到，中国有很多功夫和手艺，传男不传女，传里不传外。

有没有破解之道呢？有！有这么一家企业，他的人才培养，尤其是师带徒制度是世界上最好的，这家企业是谁呢？可能有些人会说是GE（通用电气），其实不是，是安利。在安利的人才培养系统里面，师傅和徒弟的利益是紧密挂钩的，师傅每带出一个徒弟，师傅能永久性的享受徒弟的收益。如果徒弟再带出徒弟，师傅还能享受徒孙的收益，一直到第七个层级。这种利益捆绑制度，让安利在全球有 300 万的直销人员。所以我们借用了安利的做法，让做得最好的甲师傅进行师带徒，当乙师傅和丙师傅的老师，带徒期间，给予甲师傅带徒津贴，每个徒弟 500 元，随甲师傅的工资按月发放。徒弟出师后，贾师傅和乙师傅、丙师傅的收益挂钩，并且是终身挂钩。这叫一日为师，终身为师。这几个做法，一下子解决了甲师傅的工作积极性问题。

方法是常规的，还是创新的

达成目标要有方法，但这个方法效果如何？员工想到的是常规的方法，还是创新的方法呢？我们看一个案例。

为了配合上市需要，一家培训公司制定下年度销售目标，提出各公司至少增长 30%。并进行了详细的目标分解，每人每个月要成交 4 单，每周至少成交 1 单。为了实现成交，至少要进行 5 次深度拜访，而进行 5 次深度拜访，必须进行至少 10 次二次拜访，要实现 10 次二次拜访，必须要进行至少 30 次初次拜访。为了能够进行 30 次初次拜访，按照 1:15 的比例，必须至少要打 450 通电话，按照每周 5 天，每天至少要打 90 通电话。

这个算法看似科学，但是却经不起推敲。我就问过一个分公司总经理，你的数据是怎么推算出来的？这个总经理回答我，这是培训行业的规律，一般打 15 通电话，才可能会有 1~2 个人接听，有 1 个上门拜访的机会。我跟这个分公司总经理讲，你讲的都对，但那是过去。

你知道现在是智能化信息时代，现在稍微智能一点的手机都有屏蔽功能，而且还能备注。如果是广告推销、诈骗等电话，可以在结束电话后进行备注，而这个备注别人是看得到的，也就是说，当你下一次用这个号码给别人推销时，别人的手机上立马会显示，该手机号码被多少人标记为广告推销，或者是诈骗短信，如果再辅以屏蔽功能，这个号码直接就打不进去了。该总经理回复我说，江老师，你说的情况我们确实碰到过，我们的方法是换一部手机继续打，直到对方接听为止！这叫什么，这叫死缠烂打！

在这个案例中，打电话、发短信、上门拜访，这些都是常规的方法，客户已经很反感这种方法了。我们都知道，常规的方法只能带来常规的业绩，创新的方法才能带来突破性增长。如果业绩增长10%，你不需要创新的方法，只要多加几个人，多跑几趟腿就可以了。如果业绩要增长30%甚至50%以上，就需要有些创新的方法了。如果业绩要翻1倍、2倍，甚至是5倍、10倍的增长，就需要颠覆式方法了。

想要改变结果，必须先改变行为。日本著名的行为分析学家石田淳谈到，成果是人们行为催生的结果。要想改变结果，必须改变促成结果的行为。商业就是行为的集合。创新就是不走寻常路，就是破旧立新，就是让人眼前一亮的方法。

一家销售红木家具的企业，老板总想提高客户回头购买率与客户转介绍率，但苦于没有方法，有的人提出上门回访，有的人提出转介绍打折等措施，但这些都是常规的方法，直到有一名员工提出一个创新的方法，即每年给每个出厂的家具过生日。到出厂周年那天，客服上门为客户的家具做一次免费的清洁保养，一是做回访，二是顺便看看客户还需要些什么家具，三是提出如果转介绍客户，新客户享受打折优惠。

这个想法一出来，立马让所有人眼前一亮。这就是创新的方法，那么你的实现目标的方法让人眼前一亮了吗？

员工等、靠、要？

缺乏方法，或者方法不够创新的背后，往往都有这样一个管理现象：员工等、靠、要——等着上级给方法，靠着公司给资源，要各种政策、支持、补贴等。凡是业绩做不好，目标没达成，都会归因于公司资源支持不够，老板没有想法，产品品质不高，等等。

有家企业的老板跟我说，公司的员工，包括一些中层干部，碰到问题没有自己的想法，凡事喜欢请示汇报。老板如果在公司，每天要花大量的时间来处理各种请示；如果不在公司，这些问题就都压着，要等他回来再处理。造成的结果是公司只有他一个人想办法，其他人都是负责执行，养活千百员工，累倒老板一人！

员工为什么会等、靠、要呢？原因无非几个：

（1）事不关己高高挂起。公司经营好与坏，赚钱还是亏钱，都是老板的事。做好了我也得不到什么好处，做不好也没什么关系。

（2）能力不够，没有方法。

（3）领导太能干了。

有一次我到一家客户公司，碰巧一个员工正向这位老板汇报工作，他没听一会就打断对方："这个事情应该这么做，一是什么，二是什么，三是什么……"然后他问，明白了吗？明白了，那就去做吧。然后这位中层就按照他的指示去做。

老板太能干，工作标准高，同时又是完美主义者，总感觉员工干的工作达不到自己的标准，或者员工的想法不能让自己满意，于是撸起袖子自己开干。时间一长，员工就会养成凡事请示汇报的习惯。于是老板越来越忙，员工越来越闲。

企业要发展，意味着要不断培养人才，而培养下属成为人才，是管理者的必备技能。企业要想培养下属成材，必须给下属机会，让他自己去想、去做、去碰。牛根生说过这样一句话"使用就是最好的培养"，如果你不给下属发挥的机会，不去教会下属承担责任，那么公司永远不会出现能够接替你的新人。公司没有人才，自然无法健康发展，这是一个不断循环的过程。

当员工得到锻炼的机会后，他体会到的是公司对他的尊重和信任，这时，他就从别人要他做变成他要做，会变得主动、积极并愿意承担责任，这样螺旋上升，整体氛围都会积极而又主动，企业就会发展得更好。

员工能力的成长离不开良好的企业环境，有些老板和管理者认为，下属做事不如自己好、效率高，还不如自己做掉。没错，你肯定能在最短的时间，把事情做得很棒，可这不是你应该做的。你要明白自己的定位，你是那个引领、监督大家把事情做好的人，而不是所有人中只有你自己能把事情做好。

还有些管理者认为，教员工做太费事，不如自己搞定。短期看，教导下属是很辛苦费时间，但是从长远看，教会下属，让他做事，你节省的时间绝对是远多于你教导的时间的。人不是生而知之的，做得多了，掌握了规律和诀窍，才变成了精通的行家——下属需要这样一个能力提升和自我成长的机会。

1+1<2 的群体低能？

我到一家房地产企业做绩效辅导时，遇到过一个非常有意思的现象。由于公司准备实施一个大型地产项目，所以从其他的房产名企挖了不少人才过来。其中，有万科的，有绿地的，等等。

但是人才过来以后，并没有出现老板预料中的盛况。相反，这家公司的老总向我大吐苦水，说快要顶不住了。为了搞清楚问题，我参加了一次他们的高层会议，终于明白为什么老总会头疼：这几位被挖过来的高管人人都认为自己很厉害，谁也不服谁，只要开口发言，开头必然是，"我以前在……的时候……"因此，每一次讨论，都是议而不决，拿不出一个让大家都满意的方案。

这也是很多企业所共同面临的一个烦恼：1+1 < 2，群体智慧无法激活。一群人才凑到一起后，不仅出不了效益，反而降低了企业的运转效率。

为什么会出现这样的现象呢？

（1）缺乏议事规则。都是高手，讨论问题的规则是什么？是每个人站在自己立场去当分析家，还是围绕问题探讨具体方案呢？在会议之前，就应该把议事规则说清楚。

（2）一次总想把所有问题都解决掉。由于讨论问题过多，每个问题都是大家发表一通议论后就结束，根本没有触及问题的本质。

（3）文人相轻思维蔓延，导致只要一群人在一起，就会互相看轻。

第三节　增利润：创新方法带来突破性增长

打破常规才能创新

我们来看一个案例：

盛兴足道有 50 多家连锁门店，大多位于高档小区或商务区附近。参加绩效增长课程后，他们决定增长目标提升 30%。怎么达成呢？打折、促销、搞活动？吸引客流？这些常规方法，可能对业绩有帮助，但还不够创新。

实地调查发现，每天客流有两个高峰时段：下午 2 点到 5 点，晚上 7 点到 11 点。其他时段，尤其周一到周五上午 10 点到 12 点，很少有客人光顾。这就出现了一个问题：高峰时段客人等技师，空闲时段技师等客人。而在服务定价方面，体验项目服务单价基本一样，比如：某项目单价 268 元/小时，老技师和新技师的提成都一样。

如何突破呢？来看一个公式：营业额＝客户数量×客单价。一是提升客户数量。门店每天营业 14 个小时，但却有 7 小时空闲时间。除去吃饭、休息时间，大概还有 4 小时空闲，空闲就是浪费。一般企业会安排员工进行培训和练习，但如果把这个时间段利用起来，就可以给公司创收，也为员工增加收入。

空闲时段，比如上午 10 点到 12 点，什么样客户会有空闲呢？"老年人"！是的，中国开始跨入"老龄化"社会，老年人腰、颈、肩等部位慢性疾病很多，要保持身体健康，是有很大的理疗需求的。

首先企业可以针对老年人，推出一个老年人套餐，价格要足够优惠，不要期望赚多少钱，只要赚回成本（比如房租、水电、工人工资等）就可以了。可派人到高档小区附近发放宣传单，也可以搞免费体验，还可以搞"关爱老年人，健康大理疗"活动，吸引老年客流。

其次是客单价！盛兴分为三个档位：168 元/人、228 元/人、268 元/人。其实可以推出"星级服务"。首先，根据从业经验、技能水平对技师进行分级：理疗师、总监级、店长级。根据服务等级不同，理疗师价格是 268 元/小时；总监级价格是 298 元/小时；店长级价格是 398 元/小时！这样，在顾客进店时，就由接待人员向顾客进行介绍：

"先生，有没有熟悉的理疗师？""如果没有，我为您介绍一位，本店有三类理疗师，理疗师级服务价格是 268 元/小时，总监级服务是 298 元/小时，店长级服务是 398 元/小时，请问您选哪一类？"

多说一句话，客单价就会有较大提升。由于客单价的不同，不同级别的技师提成不一样，这也鼓励了技师提高自身服务技能，为顾客提供更好的服务。

经过一下午头脑风暴，员工自己就找到十几个好方法。这些方法，执行不到一个月，就取得了很好的效果。一年后，该企业业绩提升了 50%。

打破常规，首先是破旧。破除旧思想、旧做法、旧习惯、旧规则。以前的一些做法，成就了过去的成功。但今天的环境发生变化，市场不一样了，还沿用过去的做法，不一定能取得新的成果。但很多时候，人们仍习惯于以前的做法，这就是对成功的路径依赖。破旧的核心是思考"为什么是这样？为什么要按照这种方式做"。提出为什么的过程，就是一个思考和突破旧格局和旧思维的过程。其次是立新。要树立新思维、新做法、新习惯、新规则。立新的过程，就是探索和追求新事物的过程，是一个试错的过程。立新的核心是思考"为什么不"——为什么不能打破规则？为什么不能换个方式做？为什么不能用另外一个方法去做。

方法永远在现场

要突破和寻找到创新的方法，我们永远不能坐在办公室里空谈，而要深入一线，深入现场。

一家水泥企业的销售业绩下滑，业务员把原因归结于产品价格高、质量差。

真的是这样吗？

该公司多次召开销售会议，大家各执一词，各有各的道理，争论的结果是谁也不能说服对方。讨论陷入僵局，再争论下去已没有必要。最后大家同意，还是到市场一线去看看。

公司高管层拜访他们的代理商。有家县级代理商一年销售该企业水泥5000吨。该代理商一年总共能卖10万吨水泥，而这个代理市场一年的水泥需求量是40万吨。问题来了，该公司在这里的市场份额仅为1.25%。那么具体原因是什么呢？是水泥质量不好？不是。是价格高吗？也不是。经销商的回复让人很纳闷。

接下来又走访了另外一个县，这家县级代理商每年销售该企业的水泥1.5万吨。这个代理市场一年的水泥需求量是多少呢？30万吨。该公司水泥在这一市场销售总额中也只占5%。既然有市场需求，而且其他企业的销量都不错，那为什么本公司的销售业绩上不去呢？高管层决定跟随两个业务员，看看他们到底是怎么开发客户的。结果发现上班之后业务员先去了加油站。去加油站干什么？拉水泥的大车早上要加油，所以他就去加油站了解出货情况。下午业务员又去帮助代理商开发门市客户了。

跟访的高管层回来后，开会讨论、思考业务员在给谁干活？忙活一整天，他们是在给代理商当业务员，他们在给代理商做业务——开发门市，那是代理商的事。恰巧因绩效辅导，我也参加了讨论会。会上我问业务员："谁给你们发工资的，是代理商给你发工资吗？"他们说："不是，厂里发的工资，但是我们帮代理商开发的门市越多，代理商进货也越多。"我说："这是不对的。代理商一年卖10万吨，但卖我们的才5000吨。就算你帮他开发再多门市部，他也不一定卖我们的水泥。"

大家看出问题在哪里了吗？这家公司的销售目标达不成，核心障碍是"价格高、质量低"吗？显然不是。核心障碍恰恰出在业务员的身上，他们的工作方法有问题。如果企业高管不到市场一线去了解，可能永远也发现不了问题。只有深入一线，了解问题的真相和本质，才能解决问题。针对这个问题，我们找出了三条核心方法：一是业务员调整工作方法，把重点放在开发代理商和跟进代理商上；二是加强对代理商的管理；三是加强对代理商的激励，保障他们的利益。这么一调整，该公司的业绩很快就上去了。

核心方法往往是一招制胜

创造利润往往只需要一招，这绝不是夸大其词。在服装行业一片红海，众多企业库存严重、利润微薄、惨淡经营的大局势下，ZARA因"快时尚"策略脱颖而出，优衣库以"贵族式的地段和品味，平民化的价格"这一策略，不仅成为日本最畅销的品牌之一，还大有席卷全球之势。

我曾经替一家男装企业做绩效辅导，这家企业采取了很多方法试图改变销量下滑的颓势：在杂志及户外投放广告；将店面装修及重新布局；请了一位专业的陈列师来规划店面陈列；对销售人员进行销售技巧及服务素养的培训，等等。但是用了很多的方法，业绩还是上不去。我到这家企业的一线考察了一段时间后，发现了问题所在。

大家都知道，男装不像女装那么款式多变，尤其是那些商务风格的男装，款式没有那么多花样。所以男士买衣服不像女士那样喜欢满大街逛，很多男士都像我这样，有几个偏好的品牌，有需要时就会直奔该品牌的专卖店，看到合适的就付钱埋单。对男士来说，同样的衬衣一次性买几件的情况是常有的。所以卖男装时"连带销售"尤为关键。该企业做了很多销售技巧的培训，但都相当老套，导购完全没有连带销售的意识，也不懂怎么做连带销售，导致他们的"连带销售率"特别低。这才是业绩下滑的主要原因。

弄清楚原因后，我和该企业的管理层一起，将"提高连带销售率"作为此次绩效辅导工作的重中之重。经过几个月的努力，其"连带销售率"明显上升，当年业绩增长达到25%以上。

在当前的经济大环境下，民营企业生存艰难是不争的事实。为了提升业绩、创造利润，企业家们可以说是想尽了办法，甚至"病急乱投医"，看到别的企业做得好，就赶紧跟风照搬，也不管是否适合自己。有些企业什么时髦的招数都拿来用：广告、店面形象工程、请咨询，甚至拍宣传片，钱是花了不少，但是那些方法带来的效益极其有限，多数都是"毛毛雨"。事实上，成功的企业都有自己独特的"成功基因"，那是他们制胜的关键"一招"，有太多的企业都是在复制别人，没有找到属于自己的那"一招"。

企业处于顺境时，找到"一招制胜"的方法，能让企业获得滚滚财源，当企业处于危机时，找到那关键的"一招"，能令企业"起死回生"。如何找到那"一招制胜"的方法呢？

第一步：挖地三尺。

所有你碰到的问题，可能都不是真正的问题。寻找问题背后的原因，就要"挖地三尺"。方法很简单，连续问几个为什么？穷追不舍。一家生产企业总是出现产品交货延期问题，月度准交率仅为85%，这也就是说100个订单中就有15个没有准时交付。在讨论准交率问题时，大家集思广益，找到各种解决办法。但真正的问题是什么呢？是由于销售接到新订单时插单，还是生产计划排单不及时，还是由于采购到货延期？假如是销售插单，那为什么会有经常性插单的现象？背后是否由于销售人员不了解生产排期，还是由于销售人员只管接单，而不管是否交货及时？为什么会出现这种情况呢？工作流程是否可以重新设计？

第二步：找到"魔鬼"。

连问几个为什么后，我们就会找到躲藏在问题背后的真正"魔鬼"。原来出现准交率问题的核心原因是销售插单，插单背后是由于该企业绩效机制有问题，销售员按照订单额提成，与准交期及后期回款不挂钩。

第三步：一招制胜。

找到这个"魔鬼"后，就可以制定"一招制胜"的方法。

怎么解释呢？

如果达成目标有100个方法，让你砍掉99%，只留一招，那这一招就是"一招制胜"的方法。

如果你有100件事要去做，但你现在时间有限，只能选择最重要的一件事，把这一件事做了，其他事都不足为惧，这也叫一招制胜。

一招制胜的本质是聚焦，在战略聚焦点进行饱和攻击。聚焦什么呢？第一是资源聚焦，把所有的人、财、物资源都压上；第二是行动聚焦，围绕核心目标，找到核心障碍，制定出核心策略；第三是利益聚焦，谁做好了，物质和精神激励双管齐下。

一招制胜的核心是确定性。即这一点做好了，牵一发而动全身，其他点自然而然会有所改变。这一点做好了，目标实现就是一个必然过程。

一招制胜的关键是做减法。

（1）精简客户，不是所有客户都是你要服务的对象。

（2）精简客户的需求，客户也是人，也会盲目提需求，要对客户的需求进行管理，不是所有的需求都需要被满足，无限满足客户的需求只会导致自己的破产。当试着说"不"的时候，才是走向成功的开始。倾听客户的需求，管理客户的心声，接下来就是引领客户的需求。

（3）精简寻找客户的渠道。渠道多，就要维护。维护不到位，时间长，就会流失掉，或者称为"僵尸渠道""僵尸粉"。看似四面扩张，渠道多多，风光无限，实质上疲于奔命，没有回报。

（4）精简满足客户需求的产品。多品种，小批量，个性化定制，带来的结果是产品种类繁多，周转率低，库存增加，影响企业利润和现金流。要扭亏，必须精简产品，一看市场容量，二看市场份额，集中力量进行聚焦，才有可能带来突破。

（5）精简工作方法和流程，减少臃肿的组织架构，提高组织效率和员工效率。

第四节　挖潜能：员工的能力是逼出来的

寻找方法的过程，是提升员工能力的过程，是员工由被动思考到主动思考的过程，是员工从个体思考到群策群力的过程。能力不是自然而然提升的，是在解决问题过程中逐步提升的。能力是问题逼出来的，是市场逼出来的。

相信员工是智慧的，一切方法存在员工当中

实践出真知。广大人民群众是智慧的，要相信群众，依靠群众，从群众中来，到群众中去。此类成功的案例不胜枚举。丰田汽车在美国市场后来居上，引发美国同行的惊恐，就是这样的案例之一。当美国学者去丰田等企业取经，发现它与西方的企业不同，丰田公司坚信第一线的工人不是无足轻重之辈。如果为他们提供足够的工具和培训，他们也能有效地解决问题，也是创新者、变革家。丰田公司察觉到了员工的智慧能帮助企业完成持续、快速的改善。而美国的汽车企业却漠视第一线员工的贡献，他们重视的是职能专家对于质量和效率的建议。这种漠视一线工人智慧的行为连亨利·福特都怨声连天："为何我只能用上工人的一双手，他们的头脑哪去了？"

问题提出者就是问题解决者

在企业中，员工能力的成长速度和他解决问题的难度是成正比的。敢于面对问题，把问题当课题，把问题当机会，这个员工的能力成长就越快。相反，如果把问题当难题，不去解决问题，能力的成长就慢。

假如大学生小 A 和小 B，两人同一专业毕业，能力相差无几，同一天进入公司，任职于同一部门的同一岗位。两人唯一的差别是，小 A 做事比较主动积极，小 B 做事情"等、靠、要"多一点。那么

我们看看，接下来小 A 和小 B 的能力和命运会产生什么样的变化呢？

作为上级主管，请问你是喜欢小 A 还是小 B 呢？毫无疑问，每个主管都期望自己的下属正向积极，敢于担当。那么对自己喜欢的员工，你会怎么做呢？如果手头上有重要工作任务，你会交给小 A，还是交给小 B 呢？肯定是交给小 A。由于小 A 把问题当课题，把问题当作自己历练和提升的机会，全力以赴，随着时间增长，小 A 的能力得到极大的提升。而小 B 呢，把问题当难题，总有些牢骚和抱怨，时间一长，领导交给小 B 工作任务的难度越来越低，小 B 的能力成长越来越慢，甚至不是在进步，而是在退步。两个人的能力圈出现差异，小 A 的能力圈越来越大，而小 B 的能力圈会越来越小（见图 5-2）。

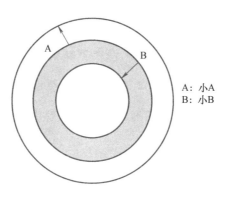

图 5-2　能力圈模型

假如有一天，企业发生重大变故（比如破产了），请问小 A 和小 B，谁先找到工作呢？肯定是小 A，这是进入职场后能力的提升带给小 A 的优势。

所以我们说，企业给到员工最大的福利是让员工的能力成长。如果一个员工在企业里干了三年、五年，但能力没有成长，那是可悲的！我们要问，小B的这种情况是谁造成的呢？肯定是自己，如果要说是企业的原因，那就是企业管理者作为上级放纵员工，没有提出要求，最后养成了员工碰到问题不动脑，凡事请示汇报的习惯。

如何打破这种怪圈呢？一句话：问题的提出者就是问题的解决者，每个问题请带上两个解决方案。

首先，解释一下"问题的提出者就是问题的解决者"，这是一种主动思考模式，意思是提出问题时给出建议方案。但并不是说，谁提问题谁解决。

一次，我在课堂上讲到这个理念时，一个同学站起来反驳我说："江老师，都怪你，我们老板上次听了你这句话，回去就跟我们讲'谁提问题谁解决'，现在公司里谁也不敢提问题了！"我当场回答："你们老板理解错了！我从来没说过谁提问题谁解决。我只是说提问题同时给出建议方案。提出问题，最后谁来解决，要看谁对这件事负责，谁是责任主体。"

还有同学提出这样一个问题："江老师，按照你这么说，谁提问题谁必须提出建议方案，那么如果想不出建议方案，不提问题不就行了吗？"不可否认，确实有这种情况存在。我对这位同学说："你说的确实有可能存在。我想和你分享一句话'发现并提出问题是责任，解决问题是贡献，但是隐瞒问题是犯错'。"

其次，在公司倡导这种"提出问题同时提出建议方案"的氛围，其实是在养成员工人人思考、提出问题并考虑解决方案的习惯，脑袋越用越灵，这也是一种能力提升的过程。

再次，潜能是逼出来的！人都是有惰性的，员工能"等、靠、要"的时候，就会变得不愿动脑筋。相反，如果上司对下属提出要求，下属就会不遗余力地去达成要求。人的潜能就像海绵一般，不去挤压它一下，你永远都不知道它到底储存了多少水。挤压员工潜能的过程，也是员工的自我成长过程。

学习力是能力提升的"母能力"

能力提升是一个持续过程，在从事绩效 20 多年的实践中，我发现创新能力强的员工，无不是学习能力强的人。他们坚持开放的姿态，努力提高自己的学习力，向标杆学习、向同行学习、向对手学习、向一切可以带来帮助的人和事学习，学习力已经成为能力提升的底层能力，是"母能力"。

如何提高学习力呢？从两个方面着手：一是学习的频次，学习的频次要高，不是一个月只看一本书，"三人行必有我师"，随时随地、随人随事地学习；二是学习的质量，不但频次要高，学习质量也要提升，要学有所获，学以致用，以终为始。否则无目的地学，无质量地学，只会浪费时间。

第五节 建系统：构建创新措施的两大系统

企业要建立挖掘员工潜能的创新措施系统，须从两个方面进行：

一是激发员工潜能的创新氛围系统，二是创新方法论系统。

创新氛围系统：激发员工潜能

氛围是土壤，是创新的前提条件。在一个荒瘠、恶劣的环境里，是种不出苹果树的。要有创新的产出，首先必须有创新的氛围。

1. 正向思维凝聚创新氛围

业绩好不好，不用看报表！看什么呢？看员工的"脸"！员工的脸就是企业业绩的"晴雨表"。据我的观察，在一个朝气蓬勃、斗志高昂的团队，业绩增长是必然趋势；反之，在一个负向思维充斥，负能量积聚的企业，业绩下滑也是必然！这就是气场的神奇作用，而企业的创新，也必须构建一个敢于突破、正向积极的创新氛围！

2. 少说"不可能"

"不可能、做不到、太难了、搞不定"，在这样一个负面思维满天飞的企业，是不可能有创新的。因为一旦有新的想法，马上就会被别人扑灭掉。"怎么可能呢""异想天开""痴人说梦"，这些"不可能"思维，如同"雾霾"一般，如果长期吸入，就会出现矽肺甚至是肺癌！

200 年前，没有汽车、飞机，也没有宇宙飞船，登月只是一个神话故事和人类的一个美好愿望。生活在 18 世纪的人们，估计绝大多数人认为这些不可能实现。但是今天，这些都成为现实。这得益于人类相信"一切皆有可能"和勇于探索未来的精神。

经营企业也是一样，打开我们的思维，为什么业绩不能突破，达到 50% 以上，甚至是 100% 的增长？为什么成本不能再降低 5%，甚至是 10%？为什么生产效率不能再提升 20%，甚至是 40%？真的没有可能吗？当我们还没有尝试，就断然否定地说"不可能"时，我们就把成功之门永远地关闭了。

3. 相信"一切皆有可能"

稻盛和夫在其著作《活法》中曾谈到这样一件事：

京瓷第一次接到 IBM 的大笔零件订单时，IBM 在规格方面的要求简直严苛到无法想象的地步。为了达到要求，京瓷团队一而再、再而三地反复试验，然而总是失败，无法达到标准。"以我们的技术，是无法办到的"！这些消极悲观的想法在员工的脑海中挥之不去。当时的京瓷不过是一家无名的中小企业，要一举提升自身技术，打响知名度，这可是千载难逢的好机会！于是，稻盛和夫把消极悲观的员工训斥了一番，要大家以背水一战的心情，尽所有可能地努力，把看家本事毫无保留地全部使出来。甚至到最后实在无计可施的时候，稻盛和夫仍然不断告诉自己"一定能办到"！就是凭着这股精神，一再反复，经过超乎常人的努力之后，京瓷终于达到那令人生畏的超高标准。"当你穷尽全力时，有一天，上天都会帮助你"！

4. 信心比黄金更重要

国务院前总理温家宝曾说过这样一句话："在经济困难面前，信心比黄金和货币更重要！"经营企业，莫不如是！在我所辅导的企业中，曾遇到过这样一个案例：

一位民企老板有一次坐飞机，偶遇一位知名经济学家，该经济学家长期批判中国经济。这位老板就向其请教："教授，请问您对中国当前的经济发展趋势怎么看，什么时候经济会上行？"该经济学家回复，中国经济还将持续走低，并运用各种宏观数据加以说明。老板听完后，心里凉了半截，还暗自庆幸，还好自己的企业经营平稳。于是回到公司后，召集员工开会，讨论制定当年度目标，并把经济学家的话做了转述，最后他说道："明年我们的目标是做好过冬准备，只要活着就是胜利。"在这样的氛围宣导下，可以想象，这家企业的目标制定状况，最后企业的年度业绩不但没有上涨，还比上年度降低了3%。

在这里，我不是要让大家当鸵鸟！把头插在沙子里，看不到自己的屁股！我也不是让大家迷信和盲从，相信人有多大胆，地有多大产。而是希望在企业里能凝聚正向思维的气氛，形成正能量传播的氛围。

创新方法论系统：用"方法论"解决问题

1. 是用"经验"还是用"无知"解决问题

"我从来都不是根据行业知识和经验来提出和解决问题的，恰恰相反，我根本没有运用知识和经验，我所运用的是无知。无知是帮助人们解决任何行业中任何问题最重要的要素。管理者必须学会运用无知。你必须经常运用无知来解决问题，而不是根据过去的经历中学到的知识和经验。因为你所知道的东西往往是错误的。"[一]说这句话的不是别人，正是被誉为"管理大师中的大师"的彼得·德鲁克。为了说

[一]《德鲁克的十七堂管理课》，威廉·科恩著，机械工业出版社。

明这个观点，他讲了一个故事：

第二次世界大战期间，由于遭受德国潜艇的攻击，英国损失了很多运输船只。为了保证有足够的运输船只补充给养和军火，英国人设计出了一款特别的货船，这些船只造价低廉，设计简单，按照英国的工艺水平，只要8个月的建造时间，但即使这样，造船仍然需要大量的专家和技术工人，而英国根本没有这些人力和生产设施。为此，英国人把目标投向了美国。在与英国签订合同的厂商中，有位美国实业家亨利·凯泽，他对造船几乎一窍不通，但也正是因为对造船的无知，凯泽并没有按照英国人的方法建造，而是重新设计了制造流程，运用预制部件，每个工人因此只需要了解整个工序中很小的一部分就可以了；同时凯泽也没有按照传统方法造船，即运用重型机械对金属进行精确切割的方式，而是运用氧乙炔喷焊器切割金属。这些方法比英国人的传统方法更加便宜，速度也更快。因为无知，凯泽用焊接代替了铆接，同样速度更快，成本更低。结果，凯泽从开始到完成，只用1个月时间就完成了一艘船的建造。凯泽运用"无知"解决了问题！

运用"无知"解决问题，并不是提倡"乱来"。实际上，这是跳出固有的经验和思维模式，站在一个全新的角度来思考问题的解决方案。我对这句话更是深有体会，做绩效专家顾问以来，所辅导的行业涉及衣食住行等50多个领域，尽管对很多行业我不精通，但这并不妨碍我进行深入思考。相反，正因为对许多行业及其规则的"无知"，才让我以一种全新的思维模式去思考和突破，从而找到完全不同和令人耳目一新的解决方案。

我曾为一家化妆品生产企业提供绩效咨询，该公司不愁订单，但对产品交货及时率指标头疼。因为交货不及时，导致客户投诉，公司内部销售、生产、采供等部门之间也因此矛盾重重。为了提升交期的管控，公司内部不知开过多少次沟通协调会议，但每次都是在期盼中开始，在争吵中结束。有一次，我受邀参加公司的内部讨论，主题依然是货品交期。在听取了最近一段时间的交期数据，及各部门的改进提案后，董事长请大家敞开讨论，一时间争论又起。在讨论无果的情况下，董事长让大家暂停，然后请我发表一下看法。

因为对交货期情况及行业规则的"无知"，我问了一个看似简单但又引发思考的问题："你们对客户的承诺是7天交货，为什么会有这个规则？为什么不可以是10天交货？交货后，客户是直接上架，还是先放在仓库里，如果放仓库里，放置几天才上架呢？"

这个看似简单的问题，却没有人能给出准确的答复。销售人员只关心产品出库和客户签收，但签收后是什么情况却并不关心？在7天交货期的承诺下，销售唯一能做的就是紧盯生产，但生产的排期和计划已经被压缩很多，再提升的空间已经非常小了。

由于我是"门外汉"，我的问题引发了大家的激烈争论。最后，董事长一锤定音："江老师说得对！我们做了20多年，一直被自己的经验和规则束缚着。我们应该打破常规！问问客户，如果交货后客户是放置在仓库，是否可以延期3天，直接发送到客户的门店？"

说干就干！现场马上测试，结果有一半的客户不同意，但另一半客户允许延期3天，条件是公司直接把货发到门店。在没有改变任何生产采购业务流程情况下，仅仅是一个思维的改变，就让交货期问题顺利解决了。

2. 用"方法论"解决问题

民营企业讨论解决问题，不是没有方法，而是方法论出了问题。方法论是工具，就好比钉钉子要用锤子，拧螺丝要用扳手一样。这套方法论是我在绩效辅导过程中总结出来的，非常实效。

（1）一次解决一个问题。总想在一次会议上把所有问题都解决掉，结果每个问题都是在皮毛上捋一捋就放过，挠挠痒而已，下次问题会接着出现，又再次讨论，这是所有企业都普遍存在的问题和通病。麦肯锡曾做过一个调查，发现如果对某个问题的讨论时间小于1小时，根本不会取得什么成果。换句话说，1小时才能让问题进入到本质层面。

（2）切断与外界的连接。互联网时代，手机短信、微信、各种自媒体传播盛行，三分钟看下微信，五分钟进下朋友圈，人们与外在的连接变得异常频繁。讨论问题时更是如此，我曾给上百家企业主持过头脑风暴和各种专题研讨会，凡是与外界连接少的会议效果都很好。于是我总结出一条规则，开会讨论问题第一件事是"收手机"，不只是关闭手机或者处于静音状态，而是把手机统统收集起来，交由专人保管。我们知道，人的精力是有限的，人为什么会精疲力竭，就是因为透支。而在开会讨论问题，需要聚精会神时，你一直与外部在连接，心绪就会被拉扯出去，三心二意的结果是分神。精气神一散，就不会产生好的创意和结果。

其实，做任何事都是这样。就像一个人看到别人搞金融赚钱，看到别人炒股大赚，自己也跟进尝试，看到别人搞众筹，自己也去，这就好比水中浮萍，一个浪头过来就会被冲垮，其结果是"凑热闹的公司都会烟消云散"。

（3）无限穷尽，追根究源。毛泽东同志说过"世界上怕就怕'认真'二字"。习近平同志近日也指出："对我们共产党人来说，讲'认真'不仅是态度问题，而且是关系世界观和方法论的大问题，是关系党的性质和宗旨的大问题，是关系党和人民事业发展全局的大问题。"认真是解决一切问题的最核心方法。

（4）用头脑风暴法凝聚集体智慧。

美国的北方冬季严寒，经常大雪纷飞，大跨度的电缆常被积雪压断，严重影响当地人正常的生活用电。为了解决这一顽症，美国的电信公司想了很多办法，也请过很多咨询公司进行研讨，希望能得到一个解决问题的良方，但未能如愿以偿。有一次，电信公司试着在公司内部应用奥斯本发明的头脑风暴法解决这一难题，却找到了解决方案，真是"踏破铁鞋无觅处，蓦然回首，良方就在自己公司员工的脑子里"。

当时，参加头脑风暴会议的是该公司不同专业的技术人员，会议要求他们必须遵守以下四大原则：自由思考、延迟评判、以量求质、结合改善。鼓励大家发表脑洞大开的观点。

最终，有人提出设计一种专用的电缆清雪机；有人想到用电热；

也有人建议用振荡技术；还有人提出能否乘坐直升机去扫积雪。不到一小时，大家共提出了将近一百条建议。有一些建议虽然滑稽可笑，但带动了头脑风暴。有位工程师就从中受到启发，提出一个可行的解决方案：出动直升机沿积雪严重的电线飞行，依靠高速旋转的螺旋桨把电线上的积雪迅速扇落。

会后，公司组织专家对这些点子进行论证，认可了"飞机扫积雪"的点子，一个难题就这么被解决了。

第六章

评估系统——塑造立即执行与即时反馈的习惯

检查确保出执行，评估为了有改善。

检查的频率就是企业运转的效率。

领导者就是检查者，谁布置工作谁检查。

检查的目的不是为了处罚，而是为了提升和改进。

晨夕会是士气会、工作会、培训会、价值落地会。

月度绩效会议的核心重点是"扎口袋"。

KPI 就是每个岗位的利润增长点，每个岗位的"牛鼻子"。

企业有两套评估系统：一是以事为核心的绩效评估，一是以人为核心的人才评估。人才评估有两个法则：时间法则——路遥知马力，日久见人心；大众法则——群众的眼睛是雪亮的。

有了目标，有了措施方法，还要有执行。执行的关键是检查与评估！

高效企业成功的秘密——检查的频率就是企业运转的效率！

第一节　没有检查就没有执行，没有评估就没有改善

检查力＝执行力

有一年参加某公司年终酒会。到董事长祝酒那个环节，气氛很热烈，主持人举杯说了很多要大家喝酒的"理由"，在场的人也齐声呼应，大声叫好，并举杯相碰。但是，真的所有人都会把酒全喝掉吗？有经验的人都知道这是不可能的。

这时，公司有个副总是北方人，酒桌上爱较真。他突然举杯站了出来，看着大家的杯子挨个检查，不依不饶。他所过之处，大家的酒杯才真正来了个底朝天。就连那些离他远的员工，也因怕他检查到自己面前时会尴尬，纷纷喝了个干干净净。

这里，不是提倡逼人喝酒。但这位副总较真所起到的效果，却正好印证了管理学上的一句名言——"检查出执行"。

这个世界上执行力最强的组织是哪个？是军队。企业家都羡慕军队的执行力。军队的执行力强就是因为它建立了严格的问责制，一要严格检查，二要严明奖惩。军队中有一种说法，叫作"只有令行禁止，没有三令五申"。意思是说，军队必须令出即行，重要的命令、指示根本无须重申。如果一个命令或指示发下去，下面可听可不听，需要领导三番五次地加以强调，这本身就不正常，这是军队纪律绝对不能允许的。

那么军队靠什么做到"令行禁止"呢？——就是检查！抓检查实在太重要了。杰克·韦尔奇曾经感慨道："到现在为止，还有许多领导以为员工对他讲的什么感兴趣，其实员工只对领导检查什么感兴趣。"

有人将西方提出的 ISO9000 管理体系概括为四句话："凡是要做的就必须写出规定，凡是规定的就必须去做，凡是做了就要留下记录，凡是有记录的就有人检查。"强调的也是检查。而六西格玛管理也是引入统计学方法，使检查进一步细化。不少企业家常感叹，一项任务布置下去后，总有人拖着不办，推一推，动一动，甚至推都推不动。对公司的管理制度，一些员工置若罔闻，习惯于我行我素。很多企业家认为这是员工不够好，经常对他们批评、发火，甚至给予重罚。重罚过后，短时间内情况有所好转，可过不了多久，又故态复萌，问题始终得不到彻底解决。其实，执行力不强，问题不在员工，而是领导者检查不力。解决执行力不强的问题，光靠领导发火是没用的。如果领导布置的每一项工作、提出的每一条要求，都有严格的检查监督，彻底打消下属的侥幸心理，就不会出现"拿着令箭当鸡毛"的情况了。

评估力＝改善力

检查和评估是两个不同概念的词。在英文中，检查为"Check"，意为"检视、查看"，比如检查工作，检查身体。评估为"Evaluate"，意为"评价、估量"，比如房价评估、珠宝评估。

在绩效管理中，检查重在过程，评估重在结果。一般我们经常说

"工作检查"，很少说"工作评估"。但对结果，说的更多的是"结果评估、业绩评估、绩效评估"，而没有说"结果检查、业绩检查、绩效检查"。在绩效增长模式中，检查针对的是措施和方法，是行动计划的落地执行保障。而评估针对的是目标的达成与实现结果（见图6-1）。

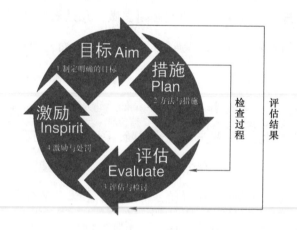

图6-1　检查过程与评估结果

检查确保执行，评估为了改善。评估的目的是为了即时反馈，让员工知道自己做得怎么样，是超越标准，达到标准，还是不符合标准？只有系统规范的评估，才能让员工得到全面的改善。

检查与评估是逆人性做功

我们可能听过这样一句话：人之初，性本懒，要他做，制度管。人性本质是懒惰的。人们不会做你期望的事，只会做你检查的事。说起来天马行空，做起来行动缓慢，嘴皮子动动可以上天入地，但要切实落地执行却好比登天还难。

人性懒惰的本质在你我身上都有所体现。比如：你知道锻炼有益于身体健康，医生也建议你每天最好锻炼半小时以上，但你就是难以坚持。为什么？因为本性在作怪。

在绩效增长模式的落地过程中，我特别强调检查与评估的重要性，这不是不相信员工，而是我们深知人性背后的懒惰本质。实质上，检查与评估是逆人性做功，是通过外在力量破除人的懒惰行为，打破组织的惰怠文化。系统让员工被迫成功。

第二节　自检自测：检查与评估系统完善吗

是否有检查与评估

企业是否有检查与评估？大部分人回答肯定是有，但真的是这样吗？让我们来看案例：

某企业因开展一个新项目，其老板咨询过我的意见，大约三个月后，我问该企业老板，这个项目怎么样了。他说不知道，交给副总在办。我问："你中途一次都没有检查过吗？"他很惊讶地反问我："副总还用检查啊？"后来我总算说服他接受了"检查大于信任"这个理念，他去检查时大吃一惊：原计划的进度至少滞后了两个月；项目也偏离原有战略的内容；成本的控制也大大超过预期……尽管副总给出很多理由来解释，例如公司原有的项目出了点问题，顾不过来，并保证后面会加快进度赶上等。但是老板心里没底了，他跟我说："江老师，幸亏我听你的话检查了一下，看来我以后要经常检查监督。我估计我一直不检查的话，照现在这种进度和方法做下去，这个项目非夭折不可。"

检查是一项制度规定。要保证执行，各个层级都必须要接受检查。无论是高层、中层，还是基层。"刑不上大夫"这种思维是不行的。实际上，上行下效，高层检查意识和力度越强，企业的执行力越强。

有了检查，是否有评估呢？稻盛和夫在出任日航董事长面临问题时谈道："令我倍感震惊的是，日航当时的状况是每个月都不清楚自己是否盈利，往往要等到两三个月后才知道盈利与否。"缺乏目标锁定和对自身盈利状况的评估，让日航犹如在黑暗中行走，不知方向是否正确。

检查与评估的缺失表现在三个方面：

（1）针对高层的战略目标和策略：对策略的执行与否没有检查，对战略目标的达成情况缺乏系统性评估。老板年初对全体员工讲述了公司的战略目标和经营宗旨、策略，但随后就不了了之，把大部分时间和精力用在日常经营上，对未来的战略目标及策略缺乏季度的跟进检查与评估。年底，也没有对这一年企业的战略目标达成情况进行系统的总结。

（2）针对中层的运营目标和方法措施：盯住月度目标的达成情况，但对方法措施是否落地执行缺乏过程跟进，等到评估结果时却发现出问题了。

（3）针对基层的操作目标和行为动作：只是盯住目标是否完成，

对基层员工是否按照流程操作缺乏系统的检查与评估，缺乏过程管控，造成动作做不到位。

我在课堂上辅导学员时，一个学员提出这样一个问题："我们企业也有各种标准，也对员工进行了培训，但结果总是达不到要求，品质总是出些小问题，到底是怎么回事？"我给他列了3个式子：

$$1 \times 1 \times 1 \times 1 \times 1 = 1$$

$$0.9 \times 0.9 \times 0.9 \times 0.9 \times 0.9 \approx 0.59$$

$$1.1 \times 1.1 \times 1.1 \times 1.1 \times 1.1 \approx 1.61$$

这3个式子说明什么呢？假如一个产品由5个环节组成，如果每个都做到1，总体品质是1。如果每个都做到0.9，总体品质是0.59。如果每个都做到1.1，总体品质就是1.61，这就是差距。你的员工每个看似都做了，但每个都没有按照动作标准严格执行，每个环节都差0.1，结果是差了0.41。这就是缺乏过程检查的结果，等到结果评估时，已经是0.59了，品质差已成定局。

检查与评估的频率是多少

有了检查与评估的制度，但多长时间做一次呢？是每月检查与评估一次，每季度检查与评估一次，还是每半年检查与评估一次，还是每年检查与评估一次呢？

有一家企业，每个季度才开一次系统的工作总结会，对各岗位员工进行一次绩效评估。企业缺乏执行力，效率极低。老板问我有什么方法可以提升执行力，我的回复很简单，加大检查与评估的力度，集团层面的绩效评估从每个季度一次，改成每月一次；各部门的检查频率从月度提到每周。每次检查评估结果张榜公布，仅此一条，企业执行力就大幅提升。

为什么要这么做呢？因为管理上有一条定律：检查的频率就是企业运转的效率。如果一家企业每年检查一次，只有1次改进机会；如果每月检查一次，1年检查12次，有12次改进机会；1年52周，如果每周检查一次，就有52次改进机会；1年365天，如果每天检查一次，就有365次改进机会。我们来看看全球一些著名的公司，它们检查与评估的频率：

优衣库、沃尔玛多长时间检查与评估一次呢？是每周。优衣库全球总部每周一次评估，它的报表是以每周来计划运转的。海尔的"日清"制度就是每天检查，今天的工作不允许留到明天。海底捞的卫生检查，几乎是每时每刻都在进行。

靠人还是靠制度

企业检查要严格按照检查的频率来进行，但是到操作时，是依靠人，还是制度呢？如果靠人，就会出现想起来检查，想不起来不检查的问题；出了问题再检查，没出问题就不检查。有时检查，有时不检查，最后结果是什么呢？

北方一家种猪养殖企业，老板让我们帮助他提升企业执行力。我们到他的猪场考察，第一次去的时候，每个人都要经过一系列的检查消毒手续才能进入会议室。后来去多了，尤其是冬天去的时候，发现就没有对我们进行检查和消毒。检查和消毒设备处于闲置状态，根本没有用。这是为什么呢？行政负责人告诉我，老板想起来了，提出要求了，大家就严格按照要求去办。

这就是典型的靠人，而不是靠制度。

检查与评估为什么走形式

虽然有制度，但还是走形式，这是为什么？

一是领导者不重视。布置和交代工作后，自己不去检查，而安排下属办公室主任去检查，试想，让办公室主任代替老板去检查副总，能检查出什么结果呢？实际上，领导者就是检查者，谁布置工作谁检查。

二是检查工作不认真。没有严格按照时间节点、进度计划和完成工作的质量进行检查，不是是非分明，而是有大量的模糊地带。

三是检查与评估没有养成员工执行的习惯。思想决定行为，行为重复形成习惯，习惯持续坚持形成性格，性格最终决定命运。

第三节　增利润：检查与评估提升绩效

国人喜欢打麻将。逢年过节，约上三五好友，麻将一开，快乐自来。打麻将时，你会发现，不论输了还是赢了，每一局都会有结果，人人都清楚，个个皆明白。赢了心花怒放，输了打好下一盘。

NBA 比赛精彩纷呈，风靡全球。巨星的参与，精彩的动作，漂亮的进球，最重要的是，比分的疯狂追赶，让观众看得酣畅淋漓。对每一次投球、上篮，都有一个当下即时反馈，一看就明白，进了击掌相庆，没进继续拼搏。

打麻将与 NBA 比赛都有一个共同特点，规则简单易懂，结果即时反馈，无论是参与者，还是观看者，都能及时知晓。设想一下，如果每局输赢不是马上知道，而是等上 10 来分钟才知晓，或者永远不知道，那还会有人来玩吗？

工作也一样，如果工作不能及时检查，结果不能即时反馈，那么绩效也就无法提升。

检查确保绩效达成

我们曾经在企业里做过一个试验，交代员工"这项报告周四之前要做完啊"，结果往往只有一小部分人会在规定时间把报告交上来。但如果交代员工"周四之前一定要完成，我要检查的"，结果大家几乎百分百完成。有多少人是在检查前的最后一刻才把工作赶完的？非常多！

人之初，性本懒，人天性中有懒惰的一面。不检查，就不会重视，会遗忘。往往花大力气检查的员工平安无事，而经常性忽略检查的员工却成为管理的漏洞，成为企业的重灾区。

检查出执行力，重要的是可弥补不足，使执行更有力。毫无疑问，管理者"执法以检下"的过程，在客观上也是检查自己思维与决策的现实性、可行性和回报性的过程。通过检查，可以发现需要改进和提高的地方，从而使目标更加符合客观实际，流程更加具有可操作性，工作更加富有高效性，进而提升绩效。我们来看某公司的一个案例：

由于长期在户外高温作业，该公司的沥青铺路工人们皮肤被晒得黝黑，长年的风吹日晒使他们面部轮廓方正、刚毅，可以说他们的敬业精神本身就让人敬佩。以往，该公司管理层认为，尽管绩效成果不高，但没有功劳也有苦劳，所以经常不忍心检查他们。导入绩效辅导后，我们将检查设计成类似技能大赛的游戏，制定好规则，最后一名的惩罚是当众做俯卧撑。

尽管我也敬佩沥青铺路工人的苦劳，但规则是不能被打破的。况且，苦劳出不了好成果，说明一定存在问题，惩罚只是一种负激励，能让员工自己发现问题，最终解决问题。我对这群可敬的铺路工人说："40℃高温下我们还在工作，大家确实非常辛苦。但是绩效是有规则的，我们既然定了规则，就按照规则去兑现。兑现承诺并不是丢人的事情，而是我们对责任的一种承担。今天我们俯下的是身子，昂起的是头颅。"

话音落地，顿时掌声雷鸣，在场的好多工人都热泪盈眶。铺路工人当众做起了俯卧撑，我从他们脸上看到了坚定的神情，我相信他们明白了绩效是成果导向思维，只有苦劳没有功劳是无效劳动。后来他们果真转变思维，抓住问题点，攻坚克难，实现了绩效上的飞跃。

评估反馈让员工提升绩效

检查的目的不是为了处罚，而是为了改进和提升。检查的结果只有即时反馈，才能帮助当事人有效提升业绩。尤其在互联网时代，即时反馈的效率要更高。我们来看看小米的即时反馈提升业绩案例。

在传统模式下，设计师、工程师的工作由于太专业，外行看不懂，往往依靠部门负责人的主观评价，反应速度慢。小米内部讲忘掉KPI（关键绩效指标），这个背后是以用户反馈来驱动开发的，响应速度快。比如，小米的MIUI（手机操作系统）的开发，MIUI的设计师、工程师全部泡论坛，不是每个月泡，而是每周、每天都要泡，刚开始是强制规定，很多工程师不理解，认为这是客服部的事情。但雷军坚持要大家去做，渐渐地，工程师开始习惯了即时反馈。用户的反馈与吐槽，时时扣动着工程师的心弦。用户反馈好，一个点赞，可以让工程师备受鼓舞。同样，用户的一个差评，甚至是言辞激烈的一些抱怨，会让工程师脸红心跳，从内心深处生发起改进提升的决心。这比老板要求的效果来得更快、更好！从此，评价工程师的工作，不是老板今天心情不错，然后说你做得好，而是全部依靠用户票选出来，大家公认的好设计才是好。小米公司正是凭着这样的绩效模式，短短几年间成为标杆企业的典范。

第四节　挖潜能：检查与评估改变员工的行为习惯

系统地检查评估，不仅是在养成员工立即执行的习惯，也是在形成企业的强执行力文化。这个检查的节奏，按照年、季、月、周、日来进行（见图6-2）。

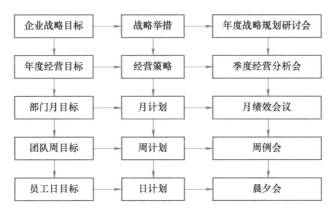

图 6-2　检查评估节奏图

年度战略规划研讨会

"不谋全局者，不足谋一域；不谋万世者，不足谋一时"。战略规划的制定，对每家企业来说都非常重要。经营形势变化万千，企业不能只低头拉车，还要抬头看路。年度战略规划是一次系统的分析、讨论和探究，是对未来需求形势的分析和预判，是对企业自身核心竞争力的探讨和深化，是对市场竞争格局的讨论与判断。

年度战略规划研讨会要对企业未来三年、五年的战略目标、战略举措和实施路径进行研讨，战略规划一般流程如下：

战略规划与目标制定是企业年度经营目标制定的重要依据。在"三看"中，我们探讨过看历史、看标杆、看战略，其中的看战略，即以终为始，从未来看现在，制定出具有挑战性的年度经营目标。基于战略规划的目标制定系统，即三位一体的战略性绩效管理（见图 6-3）。

151

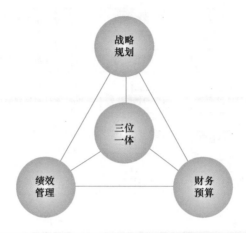

图 6-3　三位一体战略性绩效管理

战略规划是先导，基于企业的战略规划，制定出未来 1~3 年或 3~5 年的战略目标，同时重点明确企业当年的经营和管理目标。年度目标确定后，财务预算跟进，基于目标制定预算，不是基于预算制定目标；预算到位后，要靠绩效管理来确保落地执行。这个过程，其实就是"目标—计划—预算—执行"的过程。

战略规划与目标制定会议一般在年底召开。由企业的战略规划部门牵头，各分公司、部门负责人参与，共同讨论与制定未来 1~3 年或 3~5 年的战略目标与规划，这是一个充分讨论与头脑风暴的过程。一般分为三个部分：第一部分是总结上年度目标及规划执行情况；第二部分是研讨未来 1~3 年或 3~5 年的战略规划和目标；第三部分是预算和绩效跟进，把战略规划落地为具体的行动路径。当规划及目标制定完成后，还有一个非常重要的环节，即进行规划与目标的兵棋推演，反复讨论验证目标的可行性。

当目标的可行性得到肯定后，如何通过检查与评估系统激发潜能，改变员工的行为习惯，最终达到战略目标的落地执行，我认为以下"五会"系统是重要保证。

晨夕会

千里之行始于足下。"目标—预算—绩效"三位一体的战略性绩效管理系统，最终要靠每天的日常工作去落地。每天前进一点点，一年365天，工作就会前进一大步。但是如果放弃了对每天的目标计划和进度管理，就会出现"心比天高，命比纸薄"的局面。

对员工每天的工作状态，我们了解吗？员工每天上班8小时，真正有效的工作时间是几小时呢？为什么很多企业出现"心里想着重要的事，手头干着紧急的事"或"晚上想起千条路，早上起来走老路"的局面呢？员工如何高效完成当天的工作呢？这就要靠"晨夕会"制度。

晨会最好四会合一。第一是士气会，每天早晨要调整员工及团队的士气状态，所谓士气比武器更重要；第二是工作会，汇报当天的工作目标和计划安排，需要协调及沟通的事项；第三是培训会，可以有一个简单的培训和分享；第四是价值观的落地会，把企业的使命、梦想和价值观，通过每天的重复贯彻到员工的潜意识中去。夕会，也就当天的总结会。总结当天的目标达成情况，经验分享与得失分析。晨夕会的核心是"三每三对照"，即每人、每天、每件事，目标、进度与结果对照。

基于各企业的情况不一样，比如业务部门出差在外，很难进行规

定的晨会和夕会，这个时候进行每日自我管理（又称日清管理）就非
常必要。每日自我管理的核心是三部分：

一是今天的工作总结，完成的经验总结和没有完成的原因分析。

二是明天的工作安排，工作的目标、计划和安排。

三是需要协调沟通和要解决的问题。这就好比古人所说的"每日
三省吾身"。实际上，每日的晨夕会系统，从早上的目标、措施，到
晚上的检查与评估，自我反省和自我激励，就是绩效增长模式的一个
微循环——"目标—措施—评估—激励"的循环模式（见图6-4）。

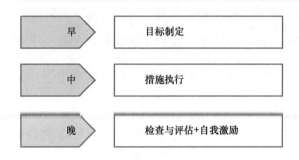

图 6-4　晨夕会循环图

每日循环本质上是在养成员工的良好工作习惯，每天锁定目标，
以过程跟进进度，以结果检查与评估，实现自我激励。

周例会

周例会是企业一项很重要的管理会议，一般多在部门或团队层面
召开，每周一次。

周例会一般有三种做法：第一种是放在每周结束前（比如周五下
午），召开本周总结会，同时制定下周目标和计划安排，以及沟通需

要解决的问题；第二种是放在每周开始（比如周一上午）召开，总结上周工作目标完成情况，制定本周工作目标和计划安排，同时协调沟通要解决的问题；第三种，类似于晨夕会的模式，周一早上开周碰头会，明确当周工作目标、计划安排，沟通需要解决的问题，周五下午开周总结会，总结当周工作目标达成情况，未完成事项的原因分析，沟通解决工作完成中碰到的障碍。

无论是放在周结束前（周五下午），还是放在周开始（周一上午），实际上都是代表着一次绩效增长的微循环，核心在于养成部门及员工自我管理习惯（见图6-5）。

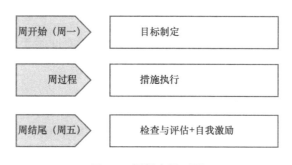

图 6-5 周例会循环图

月绩效会议

与周例会类似，月绩效会议（在不同公司称呼不同，比如有的公司叫月总结会，有的公司叫月质询会，等等）在形式上会更正规，如果说每日晨夕会、每周例会更多侧重于完成目标的过程，即行动计划的落地，那么月绩效会议则侧重于每月目标达成结果的检查与评估。这里有两个原因：一是目标分解一般以月度为周期，财务报表等也以月度为周期，企业经营管控节奏更多是以月为单位；二是工资奖金的发放以月为单位，每月绩效检查与评估后，会与员工的绩效工资奖金进行挂钩和兑现。

月绩效会议一般在每个月的 3 日至 5 日，具体时间要看企业的财务数据何时能够出来。但就正常情况而言，一般不晚于每月 8 日。

一家上市公司每个月 19 日才开上个月的绩效会议，这个节奏明显过迟。为什么？因为月度总结的核心目的有三个：第一是总结目标达成情况，把握企业经营规律，进行目标达成的纠偏管理；第二是透过数据看本质，发现经营中的潜在问题，进行及时的过程控制与处理；第三是预判经营形势，修订月度目标，并对经营策略和措施方法进行迅速调整。基于这三点，如果每个月绩效会议时间晚于 7 日，时间都过去了 1/3，决策过慢，再开会也没有什么必要了。

月度绩效会议有两大重要功能：一是检查年度目标及进度达成情况；二是对月度目标达成结果进行评估。其结果作为月度目标微调的依据，以及绩效工资奖金兑现的依据。月度绩效会议的核心重点是"扎口袋"，即会议决议，这非常关键。没有结果的会议是无效的，会而不议，议而不决，决而不行，行而无果，其本质就是会议的前——目标、中——过程控制、后——结果锁定没做好，而"扎口袋"就是其中最核心的一环。

在绩效增长模式中，月度绩效会议的"扎口袋"是由专人来完成的，并且在 24 小时内形成会议决议、在 48 小时内下发执行。决议完成情况由其跟踪，并与其本人的绩效工资和奖金挂钩，在下次会议开始时，要对"扎口袋"及工作完成情况进行评估。这套模式有效地保障了执行，大大促进了员工执行习惯的养成，并且确保了执行成果。从月度绩效会议的操作形式看，其实就是绩效增长模式每个月再循环一次（见图6-6）。

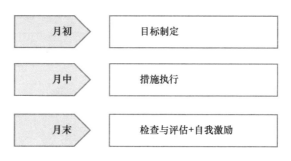

图 6-6　月绩效会议循环图

季度经营分析会

在月绩效会议基础上，再召开季度经营分析会。与月绩效会议不同，季度经营分析会是一次更为系统和全面的总结与分析。其一，是对每个季度目标完成情况进行系统总结，哪些指标完成得好，哪些完成得不好，哪些成功经验值得推广，哪些地方要去大力改善。其二，是对年度重大战略议题推进情况进行评估。这一点非常重要，基于战略目标延伸出来的战略议题，必须由公司副总级别或重要部门牵头推进，如果没有系统地评估，就无法保障战略目标的阶段达成。

季度经营分析会可以单独召开，也可以与第3、6、9、12月的月度绩效会议进行合并召开。对于上市公司，季度经营分析会还有一项很重要的工作内容，就是讨论和形成季报，季报作为每季度经营成果的总结，要向公众公开发布。

同样，季度经营分析会也是绩效增长模式的季度循环（见图 6-7）。

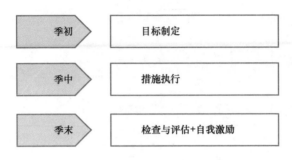

图 6-7　季度经营分析会循环图

年度总结与表彰会

每年年底，企业都会进行年度目标达成的总结和表彰大会。有的企业是白天召开年度目标总结会，晚上召开表彰大会和联欢晚会。这一天，全公司上下欢聚一堂，进行年度的工作总结与汇报，回顾一年的成果，对企业年度经营历程进行点评和分析；同时展望未来，提出下一年的工作展望。

年度总结与表彰会是一次"总结会"，总结年度经营目标的达成情况，总结战略规划和战略议题的推进情况，总结成功经验，总结工作不足。其核心原则是坚持"七分肯定，三分改进"。即 70% 是肯定过去，30% 是改进不足。

年度总结与表彰会是一次"聚气会"，要总结员工一年的辛苦付出，目标和计划推进过程中的感人事迹，鼓舞员工。

年度总结与表彰会是一次"展望会"，总结过去的目的是展望未来，要凝聚员工士气，激发员工信心，肯定过去的成就，最主要的是，为未来做好各项准备。

第五节 建系统：绩效评估与人才评估两大系统

检查重在过程，评估重在结果。检查通过会议系统进行，评估包括两个系统：一个是对事的绩效评估系统，另一个是对人的人才评估系统。

在企业里，对人的评价一般可以从两个维度进行。一个是从"事"的角度，比如工作完成的好坏，业绩完成的多少，等等；另一个是从"人"的角度，看这个人的道德品质、能力素质、行为态度，等等。

从"事"和"人"两个维度，可以区分出九个格子进行评估，又称九宫格评估（见图6-8）。

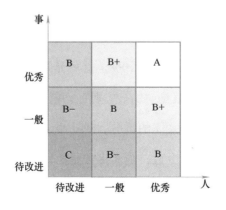

图 6-8 九宫格评估

我们把做事情优秀，做人也优秀的人，叫 A 类员工；把做事情差，做人也差的员工，叫 C 类员工；处在中间层级的是绝大多数，叫 B 类员工。以某知名公司为例，从事（业绩）和人（价值观）两方面对员工进行评估。业绩好、团队精神强的是 A 类员工（猎犬）；有业绩、没有合作精神的是 B 类员工（野狗）；有合作精神、没业绩的是 B 类员工（小白兔）；既无业绩又无合作精神的是 C 类员工（毒瘤）（见图 6-9）。

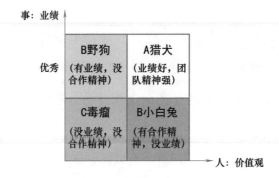

图 6-9　九宫格在某企业的运用

这三者比例大体占多少呢？经验数据验证表明，A 类员工占 20%，B 类员工占 70%，C 类员工占 10%。这就是通用电气著名的"杰克·韦尔奇活力曲线"，也就是"271 法则"（见图 6-10）。

当然，这只是一个大体的区分，这也验证了一句话：在这个世界上，绝对的好和坏都是少数，绝大多数是不好不坏的普通人。

对 A、B、C 三类人的处理，"能者上，平者让，庸者下""有德有才者重用，有才无德者慎用，有德无才者培养用，无德无才者不用"。这些讲的都是一个意思。

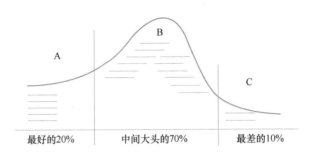

图 6-10　杰克·韦尔奇的活力曲线

人事分离，就是让我们从两个维度去评估和对待一个人。这就构成了企业两种考评模式（见图 6-11）：

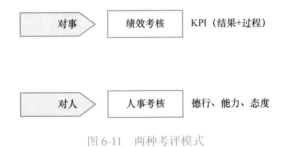

图 6-11　两种考评模式

绩效评估："KPI+制度"

"KPI+制度"是以"事"的评估为核心的绩效考核！比如：对销售额、成本、利润等考核，可以数字量化，可以每月评估、每周评估，甚至每日评估！

那么，"KPI+制度"是什么意思呢？

KPI 是抓事，那么应该抓什么事项呢？是大事小事一起抓，眉毛胡子一把抓，结果与过程一把抓吗？

以销售部员工为例，一个业务员要做的工作很多，包括电话预约、电话销售、拜访客户、客户数据库记录、销售产品、订单跟单、回款跟进、售后服务、销售计划制订、销售数据分析等。但其核心的工作成果是：订单额、回款额和毛利。KPI 要锁定的是 20% 的核心重点，其他 80% 的事情（例如迟到、早退等）留给制度去管理（见图 6-12）。

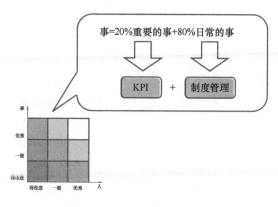

图 6-12　"KPI+制度" 管理

1. KPI 锁定成果

（1）KPI 实际上就是每个岗位的利润增长点，是 "牛鼻子"。值得注意的是，KPI 是对应岗位的，不在岗位职责范围内，或者岗位对指标缺乏可控性，这样的指标就不是该岗位的 KPI。

青岛某外贸企业在讨论仓库的 KPI 时，有人提出要把 "采购到货及时率" 作为该岗位的绩效指标，理由是生产到仓库领料，仓库总是缺货，所以要考核仓库。这样思考是否合理呢？表面上看，领料时缺货是仓库没有备货，但实质上采购并不是仓库的职责。仓库的核心职责是四个：进出记录，账、卡、物相符；看管到位，没有货品损失；合理摆放，使仓库利用率最大化；先进先出，加速物品周转。所以从仓库的岗位职责看，采购到货及时率不是该岗位的KPI。

（2）站在客户角度。成果是该岗位的关键产出，但要注意，不是你自己认为的成果就是成果。成果的认定，要站在客户角度，"客户愿意买单的才是成果"。

举例：为解决产品质量问题，生产部近半年来加班加点，总算让质量达到了客户的标准和要求，但由于效率低，企业生产成本过高，产品售价超过同行1/3。结果产品生产出来了，但大量积压在仓库。产品没有竞争力，客户不埋单，生产部门有成果吗？很显然，没有成果。那么，谁是客户呢？对于销售部门来说，外部顾客就是客户。对于其他一线部门来说，下道工序就是客户。对于二线部门来说，一线部门就是客户。

（3）少而精。KPI的数量最好锁定在3个以内，不超过5个，如果KPI太多，会形成眉毛胡子一把抓，分不出重点，且员工精力有限，无法聚焦。实际操作中，如果KPI太多，比如每个部门考核10个KPI，企业有12个部门，每月考核一次，那么企业一年就要考核1440个KPI，要收集1440个数据，除非企业有强大的数据收集和管理系统，否则一定会出现"打分、收表、走形式"的现象，数据没有经过核实，甚至会出现数据造假的可能。

2. 制度管控过程

制度是企业为了保证生产经营的顺利进行，而对员工行为进行规范的系列规定。制度主要目的是为了控制过程，是群体必须遵守的，具有普遍约束性。

在给企业进行绩效辅导和咨询过程中，我发现有些企业把员工出勤、遵守制度等也纳入指标进行考核，这显然是有问题的。第一，违背了绩效管理的本质；第二，制度中本身就有对制度的遵守与否进行了规定，即没有遵守制度会带来相应的惩罚，如果纳入绩效指标进行考核，就会导致"双重"考核；第三，制度规定是底线，是必须遵守的，比如生产部考核6S（一种管理方法）、安全制度，这些企业制度里都有规定，且安全是一票否决指标，根本就不需要再进行考核。

人才评估：以"人"为核心

对人的评估，能不能每月进行呢？为什么很多企业每个月对员工的"态度、能力、品行"进行评分，最终流于形式呢？

这里面有两个法则：一是时间法则，所谓"路遥知马力，日久见人心"。一个新人进入公司，在道德品行和能力上进行考察，往往不是短期能看出来的，这需要有一个过程的沉淀。二是大众法则，即"群众的眼睛是雪亮的"。在上司面前表现好的，在真实的环境中是否还一样？同样，在上司面前不顺从，敢说话的人，对员工和同事是否是另一个样子？而从上司的角度看，你下面的员工跟着你，"没有功劳还有苦劳，没有苦劳还有疲劳"，怎么好意思给下属打低分？上司是一个严格自律、敢要求的人，是一个宽容随和的人，还是一个你好、我好、大家好的人？这实在难以衡量。

因此，有企业运用360度评估模式，从"上下左右"等多角度，对一个人进行全面评估。人才评估的方式多种多样，但效果却很差。为什么？因为没有抓住人才评估的核心。切实可行的方法可参考以下"两步法"。

第一步，遵从"人事分离"法则，先把对人的能力、素质、品行等方面的评估进行剥离，直接从"事"上入手。而对人的评估，可以通过每半年一次（最多每季度一次）的员工无记名方式调查来进行。

第二步，人才评估要从"评估过去"到"关注未来"。大部分企业的人才评估在于"评价过去"，即员工的表现如何、技能如何、业绩如何，是做得好，还是做得差，是属于A类员工，还是B类员工，或者是C类员工。但是今天，一种新的评估技术，即"关注未来"评价法更为简单实效。

德勤公司全球有6.5万名员工，传统的领导给下属打分模式让管理层每年用于打分的时间超过200万小时，这些评估模式离德勤的期待相距甚远。如今，在每个项目结束后，德勤会让项目组管理层就4个问题做出回应，以此确保绩效评估的准确性（见表6-1）。

表6-1 德勤公司面向未来的评估表

评估问题	同意程度（分越高表示越同意）				
根据对此人的了解，如果我用自己的钱为他支付奖金，我会给予其最高的奖励（衡量所有表现，以及对组织的特殊贡献）	1	2	3	4	5
根据对此人的了解，我希望他能永远留在自己团队工作（衡量与他人的合作能力）	1	2	3	4	5

（续）

评 估 问 题	同意程度（分越高表示越同意）
此人工作表现不佳（判断有可能有损客户或团队的问题）	1　　2　　3　　4　　5
此人如今已具备晋升条件（衡量潜力）	1　　2　　3　　4　　5

关注未来的妙处在于关注员工的成长能力和成长空间，从而打消了他们躺在功劳簿上睡觉的念头。企业发展必须是面向未来的，所以企业的服务者——员工也必须面向未来，关注未来。

第七章

激励系统——释放人性深处的价值

激励的本质是激活，激活人去达成目标，实现战略。

好的激励制度带来的是改天换地般的巨大变化。

观念变，天地变，观念不变原地打转！机制动，人就动；机制不动，一动不动！

激励不是奖励，激励是硬币的两个面，既有正激励，也有负激励。

只奖不罚假管理，只罚不奖恶管理，无奖无罚没管理，有奖有罚真管理。

激励是多维度组合，机制激励：票子、面子、位子；文化激励：使命、梦想、价值观。

激励一个人，带动千千万。

用投资的眼光做激励，千万不能把激励做成福利，更不能激励一个人，打击一大片。

一个好的激励机制，能够让员工挑战高目标。

考场是管控，赛场是激活，你的企业是赛场还是考场？

美国哈佛大学的威廉·詹姆斯教授在对员工激励的研究中发现，按时计酬的分配制度仅能让员工发挥20%~30%的能力，如果受到充分激励的话，员工可以发挥出80%~90%的能力，两种情况之间60%的差距就是有效激励的结果。管理学上认为，员工的工作绩效是员工能力和受激励程度的函数，即绩效=能力×激励。

第一节　透过指标做管理，围绕目标做激励

我们谈绩效增长，首要的是围绕目标。要透过指标做管理，围绕目标做激励。所谓透过指标做管理，就是围绕利润增长点（比如销售额增长、合格率提升、交期提前等）来寻找措施和方法，来制订合理的行动方案，并且对指标完成情况进行检查与评估，确保指标达成。

激励的设置必须是针对目标的。任何激励的本质，都是激活——激活人去实现目标。简单来说，如果你要的是销售额，就在销量、市场占有率等方面加大奖励设置！如果你要的是利润，就在销售毛利等方面设置更多奖励！

业绩=动力×能力×执行力

业绩增长有一个公式，即业绩=动力×能力×执行力。如何理解这个公式？

首先，业绩是员工干出来的。要想让员工干出业绩，必须有三个东西：第一是动力，动力即意愿。意愿强大，动力十足，工作才会有士气。反之，如果没有意愿，不愿干，不想干好，提供再好的方法也无效。那么，怎样才能让员工有动力呢？这就要靠激励机制。第二是能力。有了动力，还要有能力，当然也要有方法，如果是常规的方法，只能带来常规的业绩，只有创新的方法才能带来突破性增长。第三是执行力。有了动力，有了能力，还要有执行力。如果有意愿，有能力，但没有去干，也不行。这就好比学习，课上听着激动，想想很冲动，回去一动不动，这是不行的。没有执行，梦想不能变为现实。

其次，这个公式是一个乘法。任何一部分缺失，都会导致总体业绩不佳。比如，一个人能力很强，也有很强的执行力，但就是没有意愿，不想干，则动力是0分，那么它的业绩也是0分。如果意愿很强，但没有能力，业绩也是0分。这两种情况很好地解释了为什么一些公司的老员工，以前业绩很好，但后来业绩下滑，就是因为动力下滑。而新员工意愿很强，愿意干好，但没有能力，不知道如何去干，最终业绩还是上不去。同样，如果有动力，也有能力，但是时间长，懒惰习惯出现了，执行力差，业绩也不会有很大增长。

再次，成功就是在每个方面比别人多做一点点。运用这个公式时，我们可以计算一下，如果动力是9分，能力是9分，执行力也是9分，那么三者相乘是多少分呢？是729分。如果在每个方面都再做好一点，动力是10分，能力是10分，执行力也是10分，那么最终结果是多少呢？是1000分。1000分与729分相差多少呢？相差271分。所以，当我们推行绩效增长模式时，我们该怎么做呢？我们只需要在每个方面比别人做得更好一点。

好的激励，改天换地

好的激励制度，带来的是改天换地般的巨大变化。改革开放，让中国人民形成了以经济建设为中心，实现四个现代化的伟大目标。这些观念上的巨大改变，促使举国上下驶入了建设社会主义、实现国家和民族富强的快车道。

农村家庭联产承包责任制的实行，是改变激励机制的另一个成功案例。"交足国家的，留足集体的，剩下的都是自己的"，为农民吃饱饭，致富奔小康，提供了有利的机制保障。

第二节　自检自测：激励释放人性价值了吗

在"绩效增长模式"课堂上，经常有同学问我这样一个问题，怎么激励才能提高员工的积极性？如何提高员工的积极性？碰到这样的学员，我都会反问他们：你提升员工积极性的目的是什么？如果现在宣布，给员工涨20%的工资，放10天假，员工的积极性立马会上去，这样的积极性你要吗？显然，这不是我们想要的。

空谈激励

在企业实际操作中，空谈激励会产生如下问题：

（1）变相涨工资，企业成本上升。一家民营企业老板跟我倒苦水，公司请了一个副总搞了一套激励方案，实施以后员工收入上涨了，但企业业绩不但没涨，反而下降了。了解这家企业的激励方案后，我发现这其实就是一套变相涨工资的方案。当然，不是说涨工资不好，但如果激励没有带来业绩的提升，就只能带来一个结果，激励成本上升，企业利润下降，长此以往企业将无以为继。

（2）没有目的和目标，无法实现双赢。我到南方一家企业辅导绩效时，人力资源部提交了一份激励方案，方案的核心就是如何分钱，尤其是年终奖金如何分配，一线部门怎么分，二线部门怎么分？怎么分能确保公平？当他们来征求我的意见时，我问他们："你们搞这个激励方案的目的和目标是什么？对员工有什么好处？对企业有什么好处？这个激励方案能够实现企业和员工双赢吗？"

与空谈激励不同的是，在绩效增长模式中，激励是针对目标的。在传统的激励模式下，激励的核心是员工，目的是提升员工的积极性；在绩效增长激励模式下，激励的核心同样是员工，目的是提升员工的积极性，从而最终达成企业的目标。

把激励等同于奖励

激励的本质是激活。对企业而言，激励是让组织和团队充满活力，无论是正向激励，还是负向激励，都是管理手段，目的都是激活员工。有的时候，企业需要的不是奖励，而是一些刺激手段，确保员工被激活。

"鲶鱼效应"在今天的企业管理中依然十分有效，企业不只是奖励，更要有多维度的激励措施。

单一激励还是组合激励

企业的激励绝不只是某一方面的激励。根据马斯洛的需求层次理论，人有五个层次的需求：生理需求、安全需求、情感需求、尊重需求及自我实现需求。因此，对人的激励一定是一套组合激励。

基于企业实际操作，我把组合激励区分为两大类（见图7-1）。

图 7-1　组合激励模型

第一类是文化激励。这类激励是使命、梦想、价值观等激励，是"内动力"激励。举个例子，唐僧去西天取经，是为了一份使命和梦想，绝对不是为了升官发财。当企业经营到一定程度，作为领头人的老板和中高层，一定是有一种内动力驱使，是为了一份使命、梦想和价值观。

第二类是机制激励。这类激励的核心是三"子"，即票子、面子、位子，这是外在的，又叫"外动力"激励。基层员工到公司里工作，首先是为了养家糊口，最朴素的追求就是"升官发财"。工作干好了可以多拿钱；持续干得好，可以升官，还可以享受荣誉激励。

文化激励和机制激励，就好比一个人的两条腿，缺一不可。如果只有机制激励，没有文化激励，就会导致唯利是图。反之，如果只有文化激励，没有物质激励，就有可能变成"忽悠"。

激励效果"南辕北辙"

如何判断激励的效果呢？激励好不好，关键看实效。如果出现这样的一些描述，实质上就是激励的南辕北辙——"奖励加班员工后，主动加班的员工越来越多，但产品开发速度却没有加快""每年给大家发的奖金一分钱不差，休假一天不少，但员工非但不感谢，甚至还骂企业""一个销售部门宣布了新的奖励制度，下季度销售业绩排名前三的销售人员将得到全家免费欧洲七日游的豪华套餐，这本是一项好的激励，但一位业务员却选择了自动离职"……

激励没有效果，南辕北辙，有以下体现：

（1）激励一个人，打击一大片。不是激励一个人，带动其他人，反而对全体员工的士气是一个极大的打击，造成企业内部矛盾重重。

一家公司年终评奖，在全公司范围内评选三个优秀员工，每人奖金为5万元。为了争夺优秀员工奖，各部门内部"大打出手"，拉票、贿赂、作假，评选的过程变成了各方斗力、拉帮结派，评选揭晓后更是质疑声一片。该公司董事长感叹，早知这样，还不如不评。

（2）把激励做成了福利。激励没效果，但还是年年做，最后成了福利。

某家企业有一年从预算中节约了 30 万元费用，如何使用才能激励员工呢？该企业的高层建议"阳光普照"，全公司 300 多人，每人1000 元，用福利卡的形式进行发放。钱发下去了，没有起到任何激励作用。实际上，如果把这 30 万元设置成重大业绩突破奖金，或者技术突破、成本节约奖金，只评选 10 个人，人均 3 万元，这 30 万元的花费可以带来 5 倍甚至是 10 倍的收益。

所以我们说，要用投资的眼光做激励，千万别把激励做成了福利。

第三节　增利润：员工盈利模式设计

一般来说，企业有三种员工盈利模式。

第一种模式是"固定工资"模式。如果没有晋升、调薪等手段的辅助，固定工资模式必定会带来效率低下、出工不出力、少干、甚至不干等现象。

一个小老板承包了某大型社区的安防工程，业主方要求尽快完成工期。该老板马上调集工程施工人员，着手工作，从工程开挖、布线到施工安装，老板都要亲自督促。即使出差在外，也不忘电话时时追踪工程进度。我问他，一定要你亲自盯吗？他回答我：这些工人都比较懒，能少干就少干，如果不盯，每天的工作进度就完不成。不只是盯，还要经常到现场检查，甚至有时要采取临时突击检查的措施。我又问，工人的工资是怎么发的？老板回答我：固定工资，每天计算，干一天发一天的钱。工人每天的工作由老板亲自安排，时时督促，但即使这样，也经常完不成进度。

这个案例非常典型。看似是老板安排好每天的工作进度，甚至是员工干每项工作需要耗费多少时间，什么时候吃饭，什么时候休息，都计算在内，而且也有每天的督促，但结果是员工和老板玩起"猫捉老鼠"的游戏。为什么？因为在干多干好不多拿的情况下，干少是理性选择。

第二种是"固定工资+绩效工资"模式。固定工资与业绩无关，与员工所在岗位有关，在什么岗位获取什么工资；绩效工资与业绩挂钩，挂钩方式有两种：一种是提成式，一种是奖金式。

提成式的特点是直接，多劳多得，少劳少得，不劳不得。尤其是在低底薪、高提成的情况下，做得多拿得多，上不封顶；做得少拿得少，下不保底，这有利于充分调动员工积极性。提成制也有不足：首先是因为成果不等于贡献，成果好，不等于贡献就高；其次是当业绩迅猛增长时，在提成比例不变情况下，员工的收入会超过常规式增长。

奖金式的优点是：针对难以量化的岗位，在无法用提成式的情况下，员工干到什么程度就拿相应的绩效，也很直接明确。同时避免由于外在客观情况发生重大变化，由于非人为因素造成的业绩猛增或猛减，而给员工带来的不稳定性。

"固定工资+绩效工资"模式，有三种不同的形式：

第一种："低底薪+高绩效"。

第二种："中底薪+中绩效"。

第三种："高底薪+低绩效"。

不同形式适合于不同行业、不同企业、不同部门、不同岗位。"低底薪+高绩效"模式强调的是数字导向，用成果说话，适合于销售等部门；"中底薪+中绩效"模式适合于研发等部门；"高底薪+低绩效"模式适合于财务、人力等二线部门。

但需要注意的是，不管采取哪种绩效模式，都要有"开口"，即做好了可以多拿，做不好少拿。

第三种是"固定工资+绩效工资+利润分成"模式，这实际上是第二种模式的变体，但性质与第二种模式有巨大的区别。首先，员工从两个地方赚钱，一是作为劳动者，从工资、奖金里赚钱；二是作为股东，从利润分成里赚钱。这是身份上的巨大变化，是"耕者有其田，商者有其股"。其次，这是员工既作为经营者，又作为管理者的盈利模式，与单纯地当员工或股东都有区别。但需要注意的是：利润分成不是利益均沾。能不能分成，给谁分成，是给少数人还是给多数人，这是需要非常慎重的。如果面过大，利益均沾，那就会出现搭便车的现象。

员工盈利模式再设计

不管是哪种盈利模式，其核心本质都是要做到：让企业多赚钱，让员工多赚钱。重新设计员工盈利模式，就是对以前的绩效方式进行调整。

一家中式快餐连锁公司，为顾客提供中式早餐及各种便餐服务，连锁门店有100多家。以前，公司对收银员的绩效考核是这样的：

基本工资是每月3500元，绩效工资基数是每月500元。绩效工资与两项考核指标（差错率和服务投诉）挂钩。如果出现一次差错（比如顾客实际消费 15 元，付款 20 元，收银员出差错，多找了 10 元），扣款 50 元。服务态度每出现一次被投诉，扣款 50 元。这种绩效模式让收银员感觉就是在扣钱。每个月要想拿到 4000 元收入，必须保证不出错、不被投诉。但实际中总有出现差错的情况，收银员到手的收入经常是 3800 元或 3900 元。

在这样的绩效模式下，收银员没有多少积极性，且离职率很高。如何激活收银员？

首先，我们要转变观念。收银员岗位能不能给公司创造价值？能不能给公司创造利润？如果说不能，那就把收银员赚钱的路径给堵住了。实际上，每个岗位都是利润增长的发动机，收银员也能够为公司创造利润。

其次，要找到创造利润的来源。这就要对收银员的工作进行重新规划，在端正服务态度，及时准确收银的同时，如果能"变收银员为营业员"，那么收银员就能为公司开源。

为此，我为该公司策划了"多说一句话，变收银员为营业员"的活动，具体操作如下：

由公司开发一款菜品，取名"外婆菜"，成本是 0.5 元一份，售价 3 元一份，收银员每卖出一份，提成 1 元。当顾客自选菜品后到收银台结账时，由收银员向顾客进行介绍："本小店新推出一款菜品，叫'外婆菜'，是我们厨师长的妈妈流传下来的，很好吃，只要 3 元一份，要不要来一份尝尝？"买不买由客户自行选择。

可以算一笔账，如果收银员每天卖出 40 份，收入就增加 40 元，一个月 25 天上班，就多挣了 1000 元，加上原有 4000 元工资，收银员一个月可以挣到 5000 元。如果卖得好，还可以挣得更多。

就是这一个小的动作，我们激活了这家连锁企业上百位收银员，使之平均收入上涨 25% 以上，同时公司收入也在增长，做到了企业和员工的双赢！

这个案例说明了什么？其实绩效的本质，就是在设计员工的盈利模式。在传统的绩效模式下，收银员没有赚钱的路径；相反，做得不好要被扣钱。而在新的绩效模式下，收银员有赚钱的路径，而且多干、多卖，可以多得（见表 7-1）。

表 7-1　收银员盈利模式的改变

传统盈利模式	新的盈利模式
固定工资：2 500 元	固定工资：2 500 元
绩效工资：500 元。每出一次差错、每有一次客户投诉，扣减 50 元	绩效工资：500 元。每出一次差错、每有一次客户投诉，扣减 50 元
—	新开源口子：每卖出一份"外婆菜"，提成 1 元，上不封顶，多劳多得
结果：绩效是扣工资，是在做减法。员工抵触、反对、积极性低、流失率高	结果：绩效不是在做减法，而是有加有减，做得好，多劳多得，员工有赚钱的动力，积极性高，流失率低

员工盈利模式设计四步法

第一步：寻找利润增长点。

在原有绩效方案基础上，寻找新的利润增长点。比如上述案例中的收银员，如果没有寻找到新的利润增长点，只是给收银员增加 1000 元的工资来进行考核，那叫变相涨工资方案。企业成本会增加，但是收银员的工作绩效会不会提高呢？不一定。涨工资的"药效期"是三个月，三个月内收银员行为可能会有所改善，但是三个月后又会重归平静。但如果找到利润增长点，"多说一句话""多卖一份外婆菜"，收银员的绩效就会提高。

第二步：设定目标，核算新增收益。

收银员一天卖多少份菜呢？由收银员自己来设定目标。一个好的激励机制，能够让员工自己提高。但是我们可以帮她核算新增收益：如果一个员工每天多卖一份菜，就给企业多收入 3 元钱；多卖 50 份，就多收入 150 元；多卖 100 份菜，就多收入 300 元。当然，这些工作是在做好本职工作的基础上进行的，千万不能本末倒置。

第三步：确定收益分配比。

3 元一份的外婆菜，成本是 0.5 元，厨师要提成，配送单位要提成，企业要有利润，收银员自己还要有收入。这就是一个钱怎么分的过程。这个过程没有统一标准，但要有具体的测算，最终结果是大家都认可接受。

第四步：梳理出新的盈利模式。

在原有绩效模式的基础上，基于多说一句话，我们重新设计了收银员的盈利模式。基本的工作职责是服务满意和收银及时准确性，这是最基本的要求，如果做不好，要扣钱。但如果多卖出，多收益，收银员可以多赚钱。另外，如果收银员服务态度好，客户满意度高，收银员还可以按照公司的晋级、晋升制度，进行职位晋升。

第四节　挖潜能：激励的本质是激活

激励绝非简单的做好奖，做不好罚。实际上，要做到奖罚分明，通过奖罚手段调动员工、激活员工，这才是核心与关键。

赛场激活术

每年的 6 月 7~9 日三天高考，是万千家庭翘首以待的日子。

"十年寒窗无人问，一举成名天下知"，自隋唐开科取士以来，多少学子为了这一刻，头悬梁、锥刺股，发奋读书以改变自己的人生命运。而这一天，终于到了检验的时刻。

考场外，满是焦急等待的家长。气氛紧张压抑，就连过路之人都要屏着呼吸。

高考，注定让许多人记忆终身。但不知你是否注意到这样一个现象：三天后，从考场走出来的孩子们，纷纷"庆祝"高考结束。微博上，纷纷庆祝着自己终于脱离"苦海"。

如果问你：假如你的人生还要经历一次高考，你愿意吗？

再看另外一幅场景。

四年一次的世界杯，数百万球迷涌入举办国，而全世界收看世界杯转播的观众达到数十亿人次。这是一场属于全人类的盛宴。不论种族、肤色、国籍，大家因足球而快乐。夜幕降临后，各大酒吧挤满了观看世界杯的球迷们。猜拳声、欢呼声、尖叫声、喝彩声……不绝于耳，那激情和疯狂，就像是一场假日狂欢！

如果问你：假如你有机会现场观看世界杯比赛，你愿意吗？

一边是考场，一边是赛场，都要计时，都要打分，都要排名次，但却有天壤之别！考场内一派肃静，气氛紧张；赛场里生机勃勃，欢呼雀跃！

考场和赛场，一个最本质的区别就是：考场是上级对下级，"考核者"对"被考核者"的单向检验，它强调"你必须完成指标"，考生没有选择权，不接受也得接受。赛场则是有裁判、有运动员、有观众的多方互动。运动员主动参与到比赛中，自己给自己定目标，自己激励自己。可以概括为：考场是管控，而赛场是激活。

作为一个管理者，你希望自己的企业是"考场"还是"赛场"？你希望自己的员工是"考生"还是"运动员"？你希望自己的员工愁眉苦脸地完成差事，还是希望他们把每一天的工作都当作比赛，以最饱满的热情投入其中？答案是不言而喻的！所有的业绩都是人做出来的，人是企业的根本！企业需要怎样的人？俗语说："千金难买我愿意。"企业需要的，是有意愿的人！拥有一群"我愿意"的员工，就相当于拥有了一支战无不胜的军队。

"亮剑工程"激活术

一位工程企业负责人最近很头疼，旗下有30多个项目部，每个项目部都有几个岗位很难做绩效，这几个岗位是统计员、预算员、安全员。以统计员岗位为例，岗位工资4000元，其中3500元是固定工资，每月按时发放；另外500元作为绩效基础，与两项指标（统计及时率和准确率）挂钩，如果不及时，延迟统计或上报各项数据，出现一次扣50元；不准确，出现一次扣100元。做绩效对这些统计员来说，意味着多干活少拿钱。那么如何激活这些统计员呢？

有人可能会说，用考核！做得好的多发钱，做得不好的少发钱，做得好的奖励，做得不好的处罚。那么，什么叫做得好，什么叫做得不好呢？谁来判断和收集数据呢？如果用考核，会不会出现这样一种情况，这个项目经理尺度松一点，统计员绩效就好；如果项目经理尺度紧一点，统计员绩效就差。更关键的是，员工本来已经很抵触了，再多做一次考核，员工是否会更加抵触呢？

事实上，我没有这么操作。而是采取了极为简单的一种操作模式：变考场为赛场。通过一次研讨会，邀请全部的统计员来参加，研讨主题很简单，就三个：

（1）统计员工的工作职责是什么？

（2）统计员的工作价值和成果是什么？

（3）统计员做得好的和做得差的标准是什么？

在讨论统计员的工作价值和成果时，我抛出这样一个问题："统计员的工作与公司收入利润有没有关系？换句话说，统计员做好哪些工作，可以让公司的收入、利润提升？"有的人说有关系，有的人说没关系。到底是有还是没有呢？通过分组，选小组长，让小组长引导大家讨论，然后再安排每个小组到大会上做分享。最终各个小组达成共识，统计员与公司收入利润有很重要的关系。例如：在工程里有一项叫工程变更统计，可以给公司带来收入；通过统计分析，可以给项目经理提出建议，比如材料的合理使用，可以为公司降低成本。但是问题又来了，怎么操作呢？是放到统计员绩效中来做考核吗？怎么考？怎么定目标呢？如果这么来思考，其结果是陷入"考核的万丈深渊"，势必会带来员工的抵触和反对。

我没有这么做，我要做的是"亮剑工程"。操作很简单，不改变原有的盈利模式，但在原有盈利模式基础上，增加了一个"亮剑工程"。每三个月为一个周期，所有的统计员都要参加公司的"亮剑工程"，由每个统计员来"亮剑"，亮出三个月以来的工作成果和亮点事迹。这招叫变"收考核数据"为"交绩效成果"，再采取群众法则进行现场公开评价打分，由公司全体高管和各项目部经理组成庞大的评审团，由评审团来统一评分确定每次的冠、亚、季军。

对每次"亮剑"中，获得冠、亚、季军者，分别给予10000元、6000元、4000元不等的奖金。同时，对统计员的贡献和成果，按照其相应价值给予奖励。比如：某统计员在前三个月，通过统计分析为公司降本增效30万元，经过公司协商，可以再给予2万元的降成本增效益分成奖励。

"亮剑"不应止步于此，还应分段设计，持续比赛，直至评选出年度总冠、亚、季军。凡获得年度冠、亚、季军者，由公司给予重大奖励，同时与下一年度职位晋升挂钩。排名靠前者，有优先晋升权。

这种操作模式的结果是，员工积极性极大地提升，变被动为主动，绩效考核不再是考核，而是大家一起竞赛，相互间进行比拼，你追我赶，员工的潜能被最大限度地激活。

负激励激活术

有一位酋长领导 100 人搬迁，路途中要经过悬崖。他说了句"为了我们的家园大家得跳过去"，有 10 人跳过去，这是使命激活；酋长再说"跳过去给钱"，又有 60 人跳过去了，这是通过物质激励来激活。然后他对剩下的人说："再不跳我一个个枪毙掉。"剩下的 30 人也赶紧跳过去了，这是处罚，也叫负激励激活。

激活的本质是什么呢？是保持适度紧张。就好比鲶鱼效应。在舒适安逸的环境，沙丁鱼反而因为缺氧而大量死亡，但放进一条鲶鱼后，沙丁鱼群被激活了，这就是适度紧张，如果放进鲶鱼过多，那么沙丁鱼会过度紧张，结果也会死伤惨重。鲶鱼效应是负激励激活术的经典案例，值得企业学习和思考。

第五节　建系统：打一套激励组合拳

我在做绩效辅导时发现，任何优秀企业运用的都是组合激励的方式。对一个工作五年和十年的员工的激励方式是不一样的，基层员工和中高层管理人员的激励方式也是不一样的，所以激励要针对不同的人、不同的行业、不同的情况。

怎么打"组合拳"呢？首先我们引入一个激励机制，叫三条线激励。在上一章检查与评估中，我们将员工划分为 A、B、C 三类员工，进行"2、7、1"组合。也就是说，20% 为 A 类，70% 为 B 类，10% 为

C类。针对三类员工，有不同的激励模式，我也把它叫作"两个方向三条线"。

两个方向：向上，是正激励；向下，是负激励。

三条线："荣誉+事业"激励线、物质激励线（升官+发财）和电网机制线（见图7-2）。

图 7-2　组合激励模式三条线

"荣誉+事业"激励线

做得好的 A 类员工，除了升官发财之外，还需要荣誉和事业，荣誉就是各种奖项和表彰。

1. 多类别，少数人

荣誉激励到底是激励少数人，还是激励多数人？这个问题看似简单，实则考验企业的荣誉体系设计和激励思路。

激励不应该仅仅只是围绕一线部门，很多企业的员工都有这样的困惑：一到年底，论功行赏时只有一线部门的份，很少甚至没有二线部门的身影。不少员工抱怨："一线销售部，平时拿奖金提成，总体收入比二线部门高不少，到年底时还会风风光光地拿上一些荣誉和奖金。二线部门平时辛苦工作，工资奖金比一线少很多，年底评奖基本无缘。"

荣誉激励是一种导向，年终奖的设置反映出企业鼓励什么，倡导什么。年终奖项只评一线部门，不评二线部门，长此以往会造成企业凝聚力的丧失，使得二线部门越来越看轻自己的价值，工作没有动力、推诿、不积极，不主动就会随之而来。

所以，应该奖励的是多类别里的少数人，也就是类别要多，人数要少。少数人是什么概念，也就是20%的A类员工，而类别要多，即各岗位员工都需要认可，都需要激励。

2. 五大荣誉激励类别

根据激励对象不一样，我把荣誉激励分成五大类别：激励新进员工、激励老员工、激励经销商、激励供应商、激励客户端。这五大荣誉激励，你能激励多少人，你的事业就会做多大。

激励新进员工——从进入企业的第一天就注入竞争的基因

大多数企业的新员工进入后，人力资源部会把新进员工组织起来，培训新员工应该了解的企业文化、规章制度、产品知识、服务技能等，然后把新员工分发到各用人部门。从此新员工开始自我打拼。半年以后，不适应的逐渐离开企业，适应下来的融入企业中。但有没有发现这样一个问题，留下来的新人迅速变为"老人"，刚进入时的斗志、激情也被迅速消磨。我们期望新人给企业带来新鲜血液，但新人却迅速被老人同化，被淹没在"茫茫人海"中。

激活新进员工，从进入企业的第一天就要注入竞争的基因。怎么操作呢？

一家服装连锁企业，每个月都有大量的新员工，以往新员工进来后，经过短期培训就安排到各个门店上岗，试用期离职率在20%～30%。如何激活新员工呢？如何让新员工中的优秀人才脱颖而出呢？我给该企业老板提出几个建议：（一）培训规范化，每期新员工培训都要编号，比如某某公司总第30期新员工培训；（二）设置永久性新员工奖项，比如奖励新员工试用期最快速成单的"飞天奖"，奖励新员工试用期业绩最优秀的"骏马奖"，等等；（三）每期新员工培训，安排至少半天左右的新进员工总动员，用来回顾以往优秀新员工的成长史，同时鼓励新员工敢于挑战、敢于突破、敢于改写历史，让自己的名字被镌刻进公司的发展史册；（四）每年新员工颁奖大会要隆重，要公开表彰，要塑造标杆和典型形象；（五）新员工每3个月搞一次聚会，进行成功经验分享，同时对业绩进行排名，鼓励新员工冲刺奖项，为自己和团队争取荣誉。这家企业在操作之后，大大激活了新员工，企业业绩也实现了新的突破。

激励老员工——让老树发新芽

老员工在企业内部工作时间长了以后，就会出现激情下降、斗志下降的疲劳期。

曾经有企业家问我这样一个问题，"为什么员工一段时间情绪高，一段时间情绪低，如何让员工始终保持斗志高昂？"我反过来问他，你有没有看到过一辆车始终以120千米/小时的速度行驶？员工是人，是人就有疲劳期，就有情绪的高低起伏，这很正常。只要不是剧烈波动，不影响企业的经营运作，在正常范围内那就可以了。

但我们也看到，时间一长，如果没有一些激励，人的状态持续低落也是有问题的。如何激活老员工，让"老树发新芽"呢？这就需要针对老员工，设置一些奖项，来激活老员工队伍。奖项类别覆盖面要广，就好像阳光普照大地一样。很多人可能不同意这种观点，舍不得奖，认为奖项多了就失去了意义。其实这种担心完全没有必要。奖项的本质是一种认可和鼓励。对每个部门、每个岗位的员工来说，只要做得好，都可以获得奖项。我主张奖项类别要多，比如：每月最佳个人奖，年度销售冠军奖，月度、年度冠军团队奖等。做事不打折扣，执行力很强，这样的员工可以得到"罗文奖"；员工服务意识强，可以得"服务奖"；对于负责招聘员工的人员，可以设置"伯乐奖"等。

激励经销商——变伙伴为家人

经销商与厂家间的关系，现实中颇为复杂。从厂家角度，一方面希望经销商发展，另一方面又担心失去掌控；从经销商角度，一方面希望厂家给予各种政策扶持，另一方面又害怕厂家参与过多，会直接越过经销商接触客户，最终进行削藩或者替换。这种两难矛盾决定了双方之间的微妙关系。事实上，厂家与经销商之间的关系直接决定了企业在市场中的业绩和占有率高低。

以纯服饰是我见过的厂家与经销商关系相当好的一家公司。我曾经帮助以纯河南办事处做经销商绩效增长模式培训，就直接感受到了经销商与厂家之间这种鱼水般的关系。一般来说，经销商对厂家各种政策要求、厂家支持等多少都会有些抱怨，但在河南经销商这里，我没有听到过任何抱怨，有的是感恩，和对总部当年创业时那种激情的回顾。我曾经和以纯河南公司钱董事长交流过此话题，为什么以纯能够超越其他品牌？钱董事长的一句话让我深为认同，他说："江老师，对经销商来说，跟随以纯绝不只是简单的盈利赚钱，而是一份事业和梦想的追求。我们经销商和厂家是一家人，大家为了一份共同的事业才走到一起来。"

这就是企业对经销商的激励，变伙伴为家人，从利益追求到事业、使命和梦想的追求。谁说经销商和厂家不能共生共荣、共同成长、共享未来！

激励供应商——从"合同制"到"合伙制"

与供应商的关系长期以来考验着企业，带来的结果有时是原料品质高，交期快，成本低；有时是品质低，成本高，交期滞后。在这种情况下，传统的做法是通过合同明确约定，加大惩处力度，如果出现品质、交期问题，则供货方给予客户方补偿，但这有效果吗？

今天企业间的竞争已经从单个企业产品间的竞争，转移到产业链之间的竞争。对上游厂家的产品，强化检验力度和残次品索赔，可以减缓但无法根除产品质量问题，因为供应商的生产流程和员工行为没有被改变。

如何激励供应商呢？华为的做法可供借鉴。每年，华为会评选出年度全球最佳供应商和年度最差供应商（黑名单）。做得好的供应商，共享产业发展成果，双方开放供应链系统，进行采购信息的直接对接。双方互派技术人员，分享技术成果，从合同制走向合伙制。

激励客户端——走向粉丝

客户同样需要激励。企业与客户之间不是一锤子买卖，有可能是终身客户关系，即客户成为企业的忠实粉丝。如同苹果手机一样，一个苹果迷可能从 iPhone 6 到 iPhone 13 都一直追随购买；国内房地产领军企业万科也有这样的客户，跟随着万科，成为万客会会员，自己持续购买甚至向朋友介绍。

激励客户靠的是企业为客户创造最大化价值体验的产品和服务。事实上，全球顶尖企业都有其忠实的粉丝客户群，有的企业的粉丝客户群甚至涵盖一个家庭的祖孙几代。这也是彼得·德鲁克所提倡的企业的终极目标：创造顾客。

五大激励类别，激励新员工和老员工，属于企业内部激励；激励经销商和供应商属于产业链激励；激励客户端属于终极激励。

3. 事业激励

如果问企业最流行的激励手段是什么？无疑是股权激励。海尔提出创客文化，万科提出合伙人时代的到来，股权激励在中国大地"忽如一夜春风来，千树万树梨花开"。大企业的带头示范，培训机构的推波助澜，让众多的企业老板相信，股权激励是一种最好的事业激励模式。从员工到股东是身份的转变。员工与企业之间是雇佣关系，股东与企业之间是合伙人关系；员工受《劳动合同法》保护，股东受《合同法》保护。从员工到股东，不只是分权、分利，更是分责，共同做一份大事业。

从员工到股东，身份转变可以分为三步：超利分享、干股分红、实股转换。所谓超利分享，是对超出利润目标部分给予员工分享，鼓励员工超越目标，创造价值。当利润目标达到某一水平时，启动干股分红触发机制，可以让骨干员工参与干股激励。所谓干股，即人在股在，人走股留，只有分红权，没有投票权。当企业利润持续达到某一水准或员工在企业从业达到一定年限时，可以设置干股转实股的触发机制，由员工出资，从名义股东转变为法定意义上的股东。三步走策略让员工一步步转变，是一个逐步激励和避免风险的过程。

物质激励线

物质激励有两大核心，一个叫升官，另一个叫发财。升官，即企业内部员工晋升通道设计和职业生涯发展；发财，即企业薪酬体系与绩效机制。这两个是企业内部激励机制的核心，也反映了员工的普遍性需求。一个是当下，另一个是未来，当下工作开心，有钱赚，养家糊口；未来有梦想，有发展，有更好的未来。

1. 升官三步法

尽管互联网时代强调组织扁平化，去中间环节，但是对一线基层员工来说，晋升仍是职业发展过程中最重要的激励和认可。企业要做好晋升体系设计，要关注三步，也叫"升官三步法"。

第一步：搭梯子

在传统企业中，员工晋升只有一条梯子——"当官"做管理者，结果是千军万马挤独木桥，晋升不只是看业绩，更要看资历，论资排辈现象严重，员工的积极性受到压制，等不及排队的能力强的人就会离职流失，企业留不住核心人才。之后，企业为解决此问题，又构建了多通道晋升模式，不仅设计了管理晋升通道，而且设计出技术晋升通道、专业晋升通道等多种梯子。

这些梯子有几个特点：

第一个特点是下面窄、上面宽，基层岗位的晋升是"小步快跑"，高层岗位的晋升是"大步慢跑"。"小步"与"大步"，是指晋升后带来的薪酬差异，"小步"是指工资差异小，"大步"即工资差异大。步伐快慢，是指晋升的周期，是每个季度一次、半年一次、一年一次，还是每两年一次。

有一家餐饮企业给员工设计晋升通道，从基层的服务员到中高层的管理人员，晋升周期都是每年考核一次，考核优异者晋升，但比例不超过20%。执行一年后发现问题重重：基层员工流失率照样居高不下，中高层员工对晋升也颇有微词，因为晋升后工资也就多加了几百元。这家企业征询我的意见，我提出了两个建议：一是基层岗位，缩短晋升周期，从一年转变为半年考核晋升，结合季度考核优异晋级机制，但高层岗位，晋升周期不变。二是调整晋升后的加薪幅度，基层职位每次晋升或晋级调整的加薪幅度，调整到基本薪酬的10%左右；而中高层晋升晋级后的加薪幅度，调整到15%左右。这样调整的结果是：基层员工只要做得好，每季度都有晋级机会，每半年就有晋升机会。如果业绩非常优秀，一年可以获得两次晋级，极大地释放了员工的积极性。

为什么我要重新调整晋级晋升的频率和幅度呢？因为这符合人性。晋升的频率要和激励的频率（包括员工异动和流失的频率）相吻合，对基层员工而言，一年周期太长，尤其是90后员工，强调快速发展，如果周期过长，要等到一年后，他们往往没有等的耐心。但是对中高层员工而言，其晋升晋级不仅是专业技能方面，更重要的是管理方面，这需要花费一定的时间，甚至是相当长的时间才能完成，如果周期过短，就会造成"矮子里面拔将军"，拼凑晋升的局面。

第二个特点是到一定级别以后，管理通道、技术通道、专业通道之间可以打通，可以从管理到技术，从管理到专业，也可以从专业到技术，再到管理。纵向晋升和横向跨越之间相匹配，尤其是到高层领导职位，重要的是领导力。这就好比世界500强的总裁，有销售出身的，有财务出身的，有生产出身的、有人力资源出身的，等等。所有专业、技术、管理的发展，到最后都是殊途同归。

第三个特点是针对不同层级和级别，有相应的薪酬待遇。晋升通道与薪酬待遇挂钩，其实是让员工有一个清晰的自我定位以及对未来职业发展和薪酬的期望值。我曾经给一家民营企业设计过一个职位晋升与薪酬的爬山图，这套体系清清楚楚，可以指导员工职业发展，也可以计算企业薪酬成本（见图7-3）。

第二步：设条件

搭好了晋升的梯子后，下一步是设条件。即符合什么条件，才能爬梯子。也就是晋升标准的设置。这里面有两个问题要特别注意：一是条件设置，二是胜任条件。

首先看条件设置。所谓晋升，是从下往上，这样也就产生了两个条件。其一是资格条件，也就是晋升的资格。只有在下级职位上任职的优秀者，才有可能晋升到更上一级。如果在下级职位，工作干得不好，那就没有晋升的可能性。也就是说，在工作业绩和能力素质、道

	基本工资/元	绩效奖金基数/元	绩效收入/(元/月)	其他提成	社会保险	住房公积金	交通补贴/元	通信补贴/元	午餐补贴/(元/天)	年假	
店长	8000~10000	2000~10000	12000~20000	无	有	有	400	300	12	有	店长
店面主管级（维修主管、美容主管）	5800~8000	1500~6000	7200~15000	其他单项提成：洗车卡，预付费卡，3M推荐项目等	有	有	兼任助理店长的主管300	兼任助理店长的主管200	12	有	店面主管级（接待主管）
高级技师（高级维修技师、高级美容技师）	4500~5800	1000~3500	5500~9300	同上	有	有	无	无	12	有	高级业务接待
	3900~4500	1000~2700	4900~8300	同上	有	有	无	无	12	有	高级收银员
中级技工	3000~3900	700~2700	3700~6600	同上	有	有	无	无	12	有	业务接待 高级仓库保管员 零售区高级销售员 收银员
				同上	有	有	无	无	12	有	
初级技工，洗车组长 高级洗车技师				同上	有	有	无	无	12	有	仓库保管员 零售区销售员
初级礼仪技师	3000	500~2000	3500~5000	同上	有	有	无	无	12	有	初级礼仪技师

图 7-3 某企业员工晋升通道与薪酬爬山图

德品行两个维度，达到 B+ 级别以上（即 B+、A 级），才有晋升的资格，如果是在 B、B-、C 级别，那么连晋升的资格也没有（见图 7-4）。

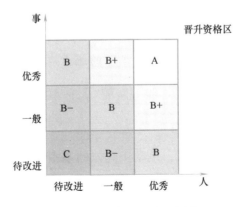

图 7-4 晋升资格区域示意图

其次看胜任条件。具备了资格，能否胜任呢？不一定。我们来看一个案例：

某公司准备从内部提拔一名租售部经理。候选人锁定两位：一位客户服务意识好，个人素质高（会多门外语），业务能力强（几乎没有他搞不定的客户）；另一位业绩屈居第二，个人业务素质比第一位弱，但比较热衷于团队活动，篮球、足球样样在行。到底晋升谁？最后结果，相信大家猜得到——"绩而优则仕"。业绩好的被提拔为租售部经理。接下来发生的事，出乎所有人的预料。业绩位居第二的那位，感觉自己没有机会，向公司提交了辞职报告。好中选优，落选者另谋出路，人往高处走，水往低处流，也是人之常情。但三个月后，刚被提拔为租售部经理的那位，也向公司提交了辞职报告。这是为什么？深入调查后发现，这位新晋升的租售部经理，虽然个人业绩好，擅长与客户打交道，但却不擅长管理团队，常常一个人冲锋在前，而没有激活整个租售团队，对团队业绩提升没有策略和方法，造成团队对他的意见很大。原来，好的业务员，"搞定客户"能力强，但好的业务经理，更需要的是"搞定员工"的能力。搞定客户≠搞定员工！

胜任条件的核心就是"能力匹配"。它不是基于岗位职责，而是基于目标来进行能力匹配。

传统的人岗能力匹配，是基于岗位的基本职责，来设置人的胜任能力需求。但在互联网时代，岗位经常变化。在 IBM 公司，每年会根据企业的战略目标，来调整组织架构和岗位，有些部门会被合并，有些部门会被砍掉，而新的部门也会随之诞生，职位也一样，岗位职责会经常变动。最近几年，我们在辅导企业时很少提到岗位说明书，不是不重要，而是变化太快了，等你把岗位说明书很规范地做出来，可能岗位都已经不存在了。

第三步：勤考察

俗话说："兵熊熊一个，将熊熊一窝。"统兵打仗，关键看统帅。同样，晋升对一个组织的重要性，不亚于选拔将帅。晋升没有做好，就如同一只绵羊带领一个团队，最终这个团队也会变成一群绵羊。

一家服装企业把一名策划主管晋升为营销总监，负责全公司的市场营销和销售。但是这位营销总监只对策划在行，对于如何"统兵打仗"，如何进行渠道建设，如何制订各种销售政策等，则能力不足。老板当初决定晋升，也是迫不得已，一是该员工忠诚可靠，二是"矮子里面拔将军"，三是每次碰到问题，该员工总能侃侃而谈。于是，在几次谈话后，老板最终做出了晋升决定。

但在这位营销总监就职的一年里，企业业绩出现下滑。当然，这里面有市场的原因，但与营销总监的能力有限也有巨大的关联。第二年，业绩进一步下滑，企业门店也从200多家关到100多家。迫于无奈，老板又从外部招了一位营销总监，但考虑到新人进入有一个熟悉过程，老板决定让新老总监相互配合，新人担当副手，协助原总监工作，在逐渐了解和熟悉后，再实现过渡。

想法很丰满，现实很骨感。实际情况是，原来的总监知道老板最终要用新人替代他，不仅不给予积极配合，还出现故意找茬、压制新人的现象。而新进总监有想法也无法施展，工作没有进展，不是不关注市场和业绩，而是花费了太多时间在内部沟通上。

事实上，只要涉及晋升，企业就必须特别谨慎。要进行多维度考察，不只是听从上级的意见，也要听取同事、下级的建议和反馈。当然，考察操作要依据不同职位而有所不同，对于级别越高的职位，越要考察。道理很简单，晋升错了一个排长，顶多牺牲一个排，但是如果晋升错了一位军长，牺牲的就是整个军。

晋升考察可以从三个方面来进行：晋升前考察、晋升过程中考察、晋升后考察。

晋升前考察，即运用人事分离（九宫格）评估法，对候选人的资格条件等进行考察。看是否具备晋升的资格。

晋升过程中考察，主要考察的是：候选者的态度、意愿和能力。首要的是态度，对于一个不想当将军的人来说，你非要逼着他当将军，是一件非常痛苦的事。

晋升后考察，即晋升后的试用期考察与评估。要和晋升者说清楚，晋升对双方都有一个适应的过程，虽然前期你情我愿，但是还要看上岗后的作为。设置晋升后考察机制，实质是给双方一个风险规避和过渡的时期。

2. 发财两条路

在企业内部有两种情况可以发财。一是业绩好，能够发财；二是升官，也可以发财（前面已介绍）。

业绩好的发财，主要体现在业绩增长后，员工收入的增长，多劳多得，少劳少得，不劳不得。企业要实现业绩增长，就一定要鼓励员工通过劳动致富，而且要拉开差距，要让业绩好的员工"吃香的，喝辣的"。在发财上，企业要做好两件事：

一是公开鼓励。要敢于谈钱，敢于放到桌面上谈。长期以来，我们信奉一条理念——"谈钱伤感情，谈感情伤钱"，不敢或不愿谈钱。企业三缄其口，员工心照不宣，其实各有各的想法。如果在钱上没有达成双方的"心灵契约"，就会出现同床异梦，其结果是双方合作出现缝隙，效率低下。反之，一个敢于与企业谈钱的员工是好员工；一个敢于跟员工谈钱的企业是好企业。

二是破除中庸。绩效管理本质上是一种区隔管理。即区隔出 A、B、C 类员工，对做得好的，予以肯定和激励；对做得不好的，帮助改进和提升；对反复做不好的，调岗、换岗甚至淘汰。从"发财"角度，破除中庸就是要拉开差距，不是 100～200 元的差距，而是一两倍甚至更大的差距。

电网机制线

电网机制线是针对企业 C 类员工的。

激励对于 C 类员工犹如硬币的两个面，有正面的激励，也有负面的激励。对于 C 类员工，可以给他机会，但也要告诉他企业的底线："如果连续几个月仍不合格，就要被淘汰。"有时候，负激励也能极大地调动员工的潜能。

但今天企业普遍存在的现象是"有网不敢电"。

有一个企业老板跟我说："现在企业缺人，只要不缺胳膊不缺腿，脑筋正常，企业都需要。你说企业还敢把员工给'电'掉?"我回复他："企业缺人和人不合格这是两个性质不同的问题，企业就好比一个苹果筐，现在筐子里面没有苹果，那是要栽种苹果树的问题；但现在筐子里有一个苹果是烂的，为了防止其他苹果被烂掉，最好的方式是把这个烂苹果拣出来扔掉。"

"有网要敢电"不是提倡企业进行"处罚式"管理，动辄处罚员工，而是要企业有一个"底线"，"电网"的本质是企业的底线管理法。

有一个老板问我："企业有一个副总，跟着我创业，居功自傲同时又自以为是，不遵守公司规章制度，该如何处理？"我反问这个老板："这个问题不是你要问我，而是我要问你，你做人有没有底线，你的企业有没有底线？"

如果对企业干得不好的员工，没有教育改进，反复干得不好，也没有"电网"，长此以往就会形成企业虚弱症，组织就会没有竞争力，最后会被市场淘汰。绩效的本质就是区隔管理，就是把市场的竞争法则引入企业内部，在企业中形成"能者上，平者让，庸者下"的竞争格局，营造高绩效导向的企业文化。

最后，值得注意的是，任何激励都有其"药效期"。在"药效期"内，激励有作用；"药效期"一过，激励作用就会打折扣，直至趋近于0。"药效期"取决于两个因素：一是药方，二是剂量。药方越准，对症下药，效果越好，"药效期"越长；剂量大，"药效期"长，剂量小，"药效期"短，甚至无作用。经过多年观察，我发现每个激励手段的"药效期"都不一样：发奖金的"药效期"可能就是1~2个月；升职加工资的"药效期"可能是1~3个月；荣誉激励的"药效期"

可能只有 1 个月；股权激励的"药效期"可能是 1~3 年。当然，以上是经验数据，不同行业、不同企业、不同阶段、不同人，"药效期"长短也不一样。

年轻员工更希望拼搏，建功立业；年长员工更希望稳定，按部就班；基层员工更期望短期激励，中高层员工则更期望长期激励；销售需要激励出"狼性"，研发需要激励出专注；基层骨干跟公司是利益共同体，中层骨干与公司是事业共同体，高层核心与公司是命运共同体（见图 7-5）。

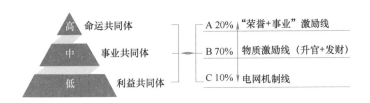

图 7-5　企业三层次、三条线组合激励系统

人性的本质是"趋利避害"。用何种激励手段，用多少剂量，其根本是释放人性深处的价值，即趋利避害的诉求。人性追求真善美，但人性也有假恶丑；人性有追求幸福的梦想，但也有懒惰的本性；人性既有善的一面，也有恶的一面。激励的本质就是奖勤罚懒、扬善惩恶，让人性善良光辉的一面得以释放，让团队积极向上，让企业实现目标，持续盈利，基业长青。

第三篇

———

落 地 运 转

　　绩效增长不只是一套理论系统，更是实践中总结出的一套方法论，每一个模块都经过实践的论证。本篇章将阐述绩效增长的落地实践，如何帮企业建立系统、运转系统，并且加速产生飞轮效应。

第八章

绩效模式组合运用

绩效增长模式有七种组合：绩效合同、作战计划、过程检查、结果评估、"打土豪"系统、"分田地"系统、绩效增长系统。

绩效增长模式不是PDCA[一]，它更多体现的是绩效的思维，最终体现在员工收入与绩效挂钩，这是彼得·德鲁克思想的核心。

目标、措施、评估、激励四大模块既各自独立，又相互融合，它们共同组成绩效增长这套有机的利润倍增系统。

在企业的经营实践中，这些模块按照不同的方式组合，为企业提供全方位的绩效增长。与PDCA不同的是，绩效增长系统（APEI）更侧重于关注企业的绩效，不论其出发点还是终点，都是为实现企业战略和企业利润的增长。

第一节　七种组合模式

绩效增长模式是一个循环，由一个中心和目标、措施、评估、激励四大系统组成，这四个系统既各自独立，又相互融合，形成一套有机系统。在企业实际操作中，绩效增长有七种组合模式。

如果我们将目标系统（A）称之为"1模块"，将措施系统（P）称之为"2模块"，将检查评估系统（E）称之为"3模块"，将激励系统（I）称之为"4模块"。

1+4＝绩效合同

1+2＝作战计划

一　PDCA，指PDCA循环法，将质量管理分为四个阶段，即Plan（计划）、Do（执行）、Check（检查）和Act（处理）。

2+3=过程检查

1+3=结果评估

1+2+3="打土豪"系统

1+3+4="分田地"系统

1+2+3+4=绩效增长系统

1+4=A+I=绩效合同（目标责任书）

目标系统加上激励系统，即目标与激励挂钩，就是岗位绩效合同，又称之为目标责任书，它包括三大核心内容：

第一，职责目标。岗位的基本职责是什么，年度目标是什么，分解到每个月的目标是多少，保底目标是多少，合理目标是多少，挑战目标是多少。这有利于目标做到数字量化、时间节点清楚，责任到人。

第二，好坏标准。根据目标达成状况，来设置评估标准，什么叫做得好，什么叫做得差。针对保底、合理、挑战三条目标线，一般可以把员工的工作区分为四个等级标准：优秀标准超过挑战目标，良好标准在合理目标和挑战目标之间，合格标准在保底目标与合理目标之间，不合格标准低于保底目标。

第三，奖罚规则。针对四个标准，该如何激励呢？有四个激励基准，针对优秀标准，要设立超额奖励；针对良好标准，要设立绩效激励；针对合格标准，设立部分绩效；针对不合格标准，要有处罚和负激励。

1+2＝A+P＝作战计划

目标系统加上措施系统，即目标和措施对应，实际上就是岗位作战计划。一个完整的作战计划包括五大核心内容：

第一，年度目标。这里面的目标可以是企业目标、部门目标、岗位目标，但从目标值角度来说，特指挑战目标。为什么呢？这应着《论语》上的一句话"取乎其上，得乎其中；取乎其中，得乎其下"。

第二，措施方法。目标后面必须跟上相应的方法措施，否则目标就是数字游戏。各位注意，不是常规的方法，而是创新的方法，最好是一招制敌的方法。

第三，资源需求。为了实现目标，要采取哪些措施方法，而实施这些措施方法有什么样的资源需求，这个逻辑就是"目标-计划-预算"的逻辑思维。

举例：某商贸企业要实现业绩增长50%的目标，核心措施是老店业绩提升和10家新店开拓，而要开拓10家新店，需要10个店长，每个店20名员工；需要500万元的新店开办费用；需要大量的新店物料设备。这就是人、财、物的资源需求。

第四，运用措施方法实现目标时，存在什么样的风险。这是风险预估，非常必要。

我到很多企业做辅导时，发现大家都是乐观主义者，从来只往好处想，方法太过单一，没有考虑到企业经营存在很多不确定性和风险。但是企业必须考虑到可能发生的风险。比如对工程企业来说，由于拆迁、天气等原因造成的误工就是风险，而且具有高发性。如果不考虑风险，很可能出现问题时就手足无措。这也就是稻盛和夫所说"对战略要乐观，经营计划要悲观，执行要重归乐观"。

第五，风险预防方案。针对可能存在的风险，要做好预案，这样才能做到临危不惧。

2+3＝P＋E＝过程检查

措施系统加上检查与评估系统，就是过程检查体系。企业不仅要盯住结果，也要盯住过程。这里面有两个核心内容：

第一，行动计划要具体。行动计划一般包括六个要素：行动举措、成果要求、责任人、完成时间、检查人、承诺。第一项是行动举措，最好分解到具体的动作层面。第二项是成果要求，即行动举措执行下去要达成的成果。第三项是责任人，一定要责任到人，而且是到具体的某一个人，不是两个人或三个人共同完成，责任除以2等于0。第四项是完成时间，不能是大概时间，要精确。比如周末到底是周几，是周六还是周日？下班前是指17：00还是18：00？第五项是检查人，谁提需求谁检查，谁是客户谁检查。第六项是承诺，要把行动计划变成员工的自我承诺。承诺又有三种具体化要求：经济频道、体育频道、娱乐频道。所谓经济频道是经济赞助，比如完不成要请大家吃饭、喝咖啡。体育频道是体育锻炼，比如完不成要做俯卧撑50个等。娱乐频道的娱乐性更强一些。

第二，检查更侧重于动作，尤其关注行动举措执行了没有，执行的效果如何。长期以来，很多企业的管理养成了只盯结果、不盯过程的习惯，这类似于"独眼龙"检查。过程检查要做好，首先在于检查人的专业水准，要能一眼看穿，发现过程问题，要高标准、严要求；其次在于检查的频率和深度，容易出问题的地方要加大检查频率，在检查过程中要有刨根问底的精神，寻找到躲藏在问题背后的"魔鬼"。

1+3=A+E=结果评估

目标系统加上检查评估系统，就是结果评估体系。结果评估体系有两大核心内容：

第一是目标达成评估，也称业绩评估。这是对做事的结果评估，通常衡量的指标是目标达成率，以百分比形式体现，可以区分为达成率优秀、良好、合格、不合格几个基准。在企业实际评估分析过程中，由于目标的制定不完全合理，比如，达成率超过200%，甚至是300%，这说明什么问题呢？一方面是员工业绩超额达成，值得庆贺；但另一方面，也意味着我们对市场的判断有失水准，为了修正目标达成率评估的缺陷，往往采用一些补充指标，比如同期增长率、同比增长率、市场占有率等，进行全面客观地业绩评估。

第二是目标达成贡献评估，也称贡献评估，这是对人的评估。我们知道业绩不等于贡献。业绩做得好，可能是贡献大，也可能是受市场因素影响。比如卖空调，有一年天气非常热，不需要什么营销，顾客主动上门来买，业务员坐在家里就能看着业绩飙升。反之，业绩做不好，可能做了很大的贡献，但由于市场因素，业绩起不来。还是以空调销售为例，有一年天气非常冷，业务员无论如何付出努力，业绩也很难有大起色。这时就要强调贡献大于业绩。

把业绩等同于贡献，以成果论英雄，胜者为王、败者为寇，这在市场竞争生死存亡的关键时刻是非常有效的。但在企业稳健发展时期，企业不能只看业绩，也要看贡献。但无论如何，对业绩的评估和对贡献的评估都是十分必要的。对业绩的评估决定了分配额的大小（公司拿出多少来分），对贡献的评估决定了具体怎么分（员工个人能分到多少）。

1+2+3＝A+P+E＝"打土豪"系统

目标系统和措施系统再加上检查评估系统，通俗说即设定目标、寻找方法、检查执行，这实际上是一个"打土豪"的过程，也就是一个创造绩效的过程。首先是A+P，即围绕目标制订措施方法，这是一个计划制订的过程。其次是P+E，这是一个执行计划的过程，最后是A+E，这是一个执行后结果评估的过程。

1+3+4＝A+E+I＝"分田地"系统

目标系统和检查与评估系统再加上激励系统，这是一个典型的绩效考核流程。具体如下：首先，A+I，是把目标和激励结合在一起，即企业绩效合同，解决的是考什么的问题；其次，A+E，是把目标和评估结合在一起，即结果评估，解决的是怎么考的问题；最后，E+I，评估结果与激励挂钩，解决如何挂钩的问题。

1+2+3+4＝A+P+E+I＝绩效增长系统

与绩效考核系统不同的是，绩效增长系统增加了措施方法部分。

首先是制定清晰的目标，高层、中层、基层目标清晰，做到"上下同频"；其次是围绕目标找方法，高层寻找到实现战略目标的策略，中层找到实现年度目标的方法，基层找到实现岗位操作目标的动作；再次是执行检查，对措施方法完成情况进行检查，对执行结果进行评估；最后是奖罚兑现，做得好的有正激励，做得不好的需要改进提升，反复做得不好的有电网机制。

第二节　绩效增长与 PDCA 的不同

PDCA 最早由休哈特于 1930 年构想，后来被美国质量管理专家戴明博士在 1950 年再度挖掘，并加以广泛宣传和运用于持续改善产品质量的过程。PDCA 是由英语单词 Plan（计划）、Do（执行）、Check（检查）和 Act（处理）的第一个字母组成，PDCA 循环就是按照这样的顺序进行质量管理，并且循环不止地进行下去的科学程序（见图 8-1）。

图 8-1　PDCA 循环图

P（Plan）**计划**：包括方针和目标的确定，以及活动规划的制定。

D（Do）**执行**：根据已知的信息，设计具体的方法、方案和计划布局；再根据设计和布局，进行具体运作，实现计划中的内容。

C（Check）**检查**：总结执行计划的结果，分清哪些对了，哪些错了，明确效果，找出问题。

A（Act）**处理**：对检查的结果进行处理，对成功的经验加以肯定，并予以标准化；对于失败的教训也要总结，引起重视。对于没有解决的问题，应提交给下一个 PDCA 循环去解决。

以上四个过程不是运行一次就结束，而是周而复始地进行，一个循环完了，解决一些问题，未解决的问题进入下一个循环，这是阶梯式上升的。PDCA 循环不仅在质量管理体系中适用，也适用于一切循序渐进的管理工作。

绩效增长与 PDCA 的比较

绩效增长（APEI）与 PDCA 系统有异曲同工之妙，但又有着很大的不同。从相同性角度看，两者都是一个循序渐进的管理系统，都是一个闭环系统，都是一套自我管理系统。每个循环结束，都是下个循环的开始，周而复始，循环往复，实现管理目标。

但从设计理念和实际操作来看，两者又有着很大的不同：

第一，APEI 是一套绩效增长系统，强调的是绩效增长，而 PDCA 是源自质量管理体系并以解决问题为核心的系统，两套系统的出发点不一样。APEI 的三大核心目的是：建立和完善企业绩效增长系统，深挖员工潜能，增长企业利润。APEI 的两大核心主体如下：一是让中层干部从"侠客"到"将军",学会这套管理模式,运用于本公司或部门的管理。因为对于任何公司或部门的管理,都要解决四个问题:第一,目标是什么?要干什么?干到什么程度?第二,措施方法是什么?怎么干?有没有一招制敌的方法?如何把方法落实到具体的行动计划中去?第三,检查与评估,干了没有,干得怎么样?第四,干好干坏有什么说法?二是让员工从"绩效奴隶"到"绩效主人",学会自我绩效管理。

第二,APEI 更多体现绩效的思维,最终体现在员工收入与绩效挂钩,这是彼得·德鲁克思想的核心。但 PDCA 强调的是自我改进,并没有与绩效关联进来。实际上,从戴明博士的一贯立场和观点来看,他是反对把业绩和员工收入挂钩的。这也是为什么戴明和彼得·德鲁克处于同一时代,彼得·德鲁克的绩效思想在美国盛行,而戴明的思想在日本更被推崇的原因。这实际上反映了企业管理的两种不同理论和思维模式,按照彼得·德鲁克的观点,企业管理就是绩效管理,管理的目的就是要产出绩效。在美国,通用电气(GE)公司的成功实践证明了这套管理模式的有效性。而在日本,丰田公司等对戴明的推崇备至,也让 PDCA 和质量管理体系在日本大为流行,并带来了企业竞争力的提升。

第三,APEI 包含着 PDCA 自我管理和改进循环,但它又与企业管理系统结合起来了。这可以从 APEI 的七种组合中看出来,首先是目标系统,APEI 中的目标是个系统的目标概念,不仅包括岗位目标,而且包括部门目标、企业目标,是一个上下贯穿的目标系统;其次是检查与评估系统,既包括过程检查系统,也包括结果评估系统，既包括对事的评估，也包括对人的评估，是控制过程、缔造结果；最后是激励系统的对接，要想让改进持续，奖罚是必需的，如果没有奖罚，指望于靠管理层和员工的觉悟来干事，指望于集体精神，是不够的。

第九章

绩效落地运行

绩效对企业是一场变革，是思维的变革、行为的变革、机制的变革、习惯的变革、文化的变革。

绩效改变三类人：绩效助推 A 类人，绩效引导 B 类人，绩效鞭策 C 类人。

绩效落地成功有三大关键：一把手的决心和魄力、详细具体的推进计划、推行的机制保障。

绩效的落地运行从来不是一个简单的绩效方案设计。实际上，要形成增强回路和飞轮效应，必须把绩效增长在企业的导入看作是一场变革，一场思维的变革、行为的变革、机制的变革、习惯的变革、文化的变革。简单指望一个绩效方案设计就能让企业产出高绩效，那是不可能的。真正的绩效增长，是要从系统的角度去构建——建系统、挖潜能、增利润。

第一节　绩效落地路径图

经过 25 年的绩效探索，我发现绩效要在企业落地生根，必须经历五个阶段：第一阶段是思想统一，从认知上转变关于绩效的理念；第二个阶段是行为转变，要学会运用绩效增长的工具方法；第三是机制调整，要固化新的行为，必须重新设计员工的盈利模式；第四是习惯养成，在机制固化下重复行为会形成习惯；第五是文化形成，当习惯长期坚持时，就会形成一种追求高绩效导向的企业文化（见图 9-1）。

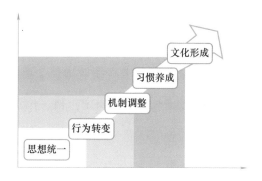

图 9-1　绩效落地路径图

统一绩效思想

思想的统一是最重要的，所谓"观念变，天地变，观念不变，原地打转"。要统一思想，就要破旧立新。破旧，即破除旧的思想，破除原有的考核思维，破除传统的惯性思维；立新，即树立绩效增长模式的思想，绩效不是考核，绩效是要"建系统、挖潜能、增利润"。

在这里，我将圣得西罗董事长在经历了绩效增长模式的培训及深入企业辅导后，关于思想观念转变的总结呈现给各位：

（1）从语文思维转变为数学思维——汇报表格化。

（2）从外向思维转变为内向思维——原因鱼骨图。

（3）从任务思维转变为成果思维——评估看结果。

（4）从主观思维转变为客观思维——抓客观事实。

（5）从消极思维转变为积极思维——弘扬正能量。

（6）从碎片思维转变为整体思维——系统性思考。

（7）从惰性思维转变为精进思维——主动追求创新。

（8）从打工思维转变为主体思维——员工主体化。

绩效是要变"要我做"为"我要做"。绩效增长是要追求企业和员工双赢。对企业来说：企业要追求高绩效增长，要有高业绩！对员工来说：个人要追求高绩效增长，价值决定价格，位置决定地位！

转变员工行为

思维的转变带来行为的转变才有意义。知道是没有成果的，相信并做到才有成果。从某种意义上说，转变员工的思维要从转变员工的行为开始。那么，绩效增长模式能够带来哪些行为改变呢？

（1）从被动到主动，以前是走到哪儿算哪儿、干多少算多少，现在是有目标、有方向！目标引领，引导员工为达成目标而努力。

（2）从"等、靠、要"到自己去找问题、找方法！以前碰到问题，一个人思考，现在是大家一起群策群力，运用鱼骨图等措施方法创新地解决问题。

（3）从以前边想边做，做了再想，到现在"想清楚-写清楚-说清楚-干清楚"，中层干部的思路更清楚了，每个月的工作内容也就更清楚了。

（4）从屁股坐在椅子上，到整个人深入一线。深入了解客户的需求，以客户需求为核心制定目标。

（5）从会前带屁股、会中闭嘴巴、会后乱说话，到会前准备方案、会中参与讨论、会后传达落实，让会议召开更有实效。

机制调整

主要体现在以下四个方面:

(1)转变目标制定机制,从"五拍"定目标——制定目标拍脑袋、分解目标拍桌子、保证拍胸脯、出了问题拍大腿、追究责任拍屁股,到"三上三下"反复进行兵棋推演定目标。

(2)转变方法讨论机制,从个体琢磨到集体讨论,通过方法论解决方法的问题,运用头脑风暴寻找到一招制敌的方法。

(3)转变检查评估机制,建立年度、季度、月、周、日五大周期的会议机制,建立以事为核心的绩效评估与以人为核心的人才评估机制。

(4)重新设计员工的盈利模式,建立企业组合激励系统。

习惯养成

机制固化行为,最终带来的是习惯的养成。绩效增长在企业落地后,会形成以下行为习惯:

(1)目标导向的工作习惯。凡事必谈目标,年度目标、月度目标、周目标、日目标,工作要有目标,开会也要有目标,无目标不成事,无目标不谈工作。

(2)用数据说话的工作习惯。不是大概、或许、差不多,不是语文管理,而是成果导向,用数据说话,一切拿数据证明。

(3)即时检查的工作习惯。员工不会做你期望的事,只会做你检查的事。检查力决定执行力。

（4）奖罚分明的工作习惯。干好了奖，干不好改进，持续干不好兑现自我承诺，奖罚分明，及时兑现。

文化的养成

文化是骨子里流淌的血液，是企业的性格基因。当持续运转绩效飞轮的时候，企业追求以高绩效为导向的文化将最终形成。

企业文化一旦养成，绩效将在企业里改变三类员工（见表 9-1）。

表 9-1　绩效改变三类员工

	A 类	B 类	C 类
对绩效的认识	好	—	抵触，烦
对目标的认识	目标就是自我要求，目标就是梦想，目标是期望	目标是要求	目标是巨大的压力目标最好越低越好
制定目标	自己挑战自己	按照要求定	讨价还价，被动定！
寻找方法	自己积极寻找	参与	等、靠、要
检查评估	主动来做	被动来做	不断被动，还抵触

1. 绩效助推 A 类员工

对 A 类员工来说，绩效管理就是助推器！是一个助推的工具，形象地说，绩效飞轮是他的一个好的工具，就好比是一个想砍柴的人，现在给他多配了一把斧头！

2. 绩效引导 B 类员工

对 B 类员工来说，如果公司要求，他就会动起来！如果公司不要求，他就不会动！绩效可以引导他们说出自己的梦想，引导他们制定目标，引导他们看到自己的未来，引导他们使用工具，引导他们创造成果，引导他们成长和发展！

3. 绩效鞭策 C 类员工

C 类员工，对绩效管理是抵触、反对、漠视的，尽管你想把心掏给他，但最后也难以改变他们的思想和行为！对这些人，绩效对他们就是鞭策，是难受，甚至是离开企业。

第二节　落地成功的三大关键

人

绩效增长是"一把手"工程，老板不作为第一责任人，绩效增长是根本无法推行的。但要推行成功，光有老板的一颗决心还不够。研究发现，成功推行绩效增长的企业，其老板有三个明显特征：

1. 视野和目标

成功推行绩效增长的企业，都有一个远大的梦想和目标，想要突破现状，提升管理水平，建立管理系统。这种宽广的视野和远大的目标会转变为一种动力，要求企业突破自我，不断成长和进步。

2. 格局和心胸

企业要做大做强，必须凝聚人才，老板的心胸和格局就在于能广纳人才，并且能够"适度让利"，只有企业的获利而没有员工收入的提升，绩效增长是很难推行成功的。

3. 决心和魄力

成功的企业相信绩效增长一定会推行成功，因而有决心和魄力，不害怕会触及部分人的利益，也不担心绩效增长在推进过程中会遇到一定的阻力和困难，在持续沟通的基础上坚决向前推进。

计划

从想要推行到如何推行，这中间有一个重要的环节就是计划。凡事预则立，不预则废。没有一个明确的推行计划，没有落实任务和责任人，只凭口号是不能推行成功的。计划包括三个内容：

1. 阶段目标

绩效增长推行分为五个阶段：一是动员和转训，成功企业在动员和转训方面做得非常细致，确保员工理解企业推行绩效增长的目的和意义；二是目标和 KPI，梳理清楚各部门的工作目标和 KPI，通过反复沟通达成共识；三是模拟薪酬方案，在原有数据基础上进行测算，制订出试运行期间的绩效考核方案；四是试运行；五是总结和正式推广。

2. 具体工作

根据每个阶段的工作目标，分配绩效增长推行小组的具体工作和各部门负责人的工作，把绩效管理与日常工作结合起来，明确为达成目标，每个阶段所要做的具体工作内容。

3. 责任人和时间

所有的工作都有相应责任人和完成时间。在实践中，成功企业的推行计划是按部就班、循序渐进的。从转训动员到正式启动，一般用3~6 个月的时间。而反观推行困难的企业，计划大而全，任务重，没有很好地与工作结合起来；或者是没有任何计划，刚开始热情很足，但工作一忙，就把推行绩效增长放在了一边，没有持续推进，因而也起不到好的作用。

机制

要使计划得到贯彻执行，还必须要有机制保障。成功企业在四个方面建立了相应的机制：

1. 任命承诺机制

对具体负责推行绩效增长的机构（绩效管理委员会或绩效小组）成员，要有正式的任命与承诺机制。任命由公司正式发文，这等于向全体员工宣布公司的决心，并赋予推进机构相应的权责。承诺机制是推行机构人员的决心表达和公开承诺，要促进成员全身心投入，必须把任命和承诺结合起来。

2. 过程比拼机制

成功推行绩效增长的企业善于调动员工的积极性。他们把绩效增长看作是全体员工的事，是一次提升员工管理技能的难得机会，并且把推行过程进行公开比拼，对过程中做得好的单位和个人予以奖励，对垫底的单位和个人予以告诫等。比如：某单位对绩效增长推行分成五个阶段进行比拼，单次比拼决出第一名和最后一名，获得第一名的给予一定的物质奖励，并颁发流动红旗。对最后一名给予的处罚是全体人员50个俯卧撑。单次比拼成绩进行累加，最后计算出总得分。通过过程比拼方式充分调动员工的积极性。

3. 结果奖惩机制

结果奖惩机制包括两个方面：一是针对全体员工的。对推进后业绩提升，结果做得好的，比如系统建设完善，绩效增长显著的单位和个人，要进行物质上的奖励。对没有达成预期目标的，要予以相应处罚。二是对绩效增长推行机构，也要设立项目奖惩机制。如果推行后达到预期目标，给予推行机构的责任人一定的奖励，确保推行机构的动力。

4. 定期沟通机制

一是内部沟通机制。在绩效增长推行过程中，推行机构要定期沟通，倾听绩效增长推行过程中员工的反馈，发现问题，并针对员工提出的问题进行讨论，必要情况下对推行计划和方案进行修正。同时也是对推行计划是否实现目标的一种评价。

二是外部沟通机制，针对绩效增长推行过程中的一些困惑，与外部机构进行定期沟通与交流。比如某公司推行绩效增长项目，就在企业与项目顾问间建立了一种定期沟通的机制，及时检查阶段成果，发现问题，并通过沟通会议的方式进行解决。

第三节　落地运转形成飞轮效应

绩效增长的落地运转，有多种运用场景。实际上，在 25 年的绩效增长实践中，绩效增长模式不仅运用到企业业绩增长过程中，也可以用到自我管理和家庭管理。

各种运用场景

以健身为例。首先，你确定了一个目标，希望通过持续半年的锻炼让身体保持健康，获得令人羡慕的马甲线。其次，你制订了方法，每天固定时间跑步半小时，俯卧撑 100 个，仰卧起坐 100 个。再次你每天进行检查与评估，运用健身软件每日打卡，并且形成一个统计表。然后你把锻炼记录和每日身材照片发到朋友圈，朋友们给你点赞，赞赏你的坚持和身材变化，这是一个积极的正向反馈，让你有了持续坚持的动力。如果这个增强回路能持续下去，动能就会持续增强，就好比从山顶滚下一个轮胎，加速运转，就会形成飞轮效应，这就是许多健身达人的成功之路。

实际上，这样的运用场景非常多。比如，你写一篇文章，首先也要制定目标——主题是什么，写多少字，达到什么标准，何时交稿等。其次，你要找到写作方法，比如每天固定时间，写够 3000 字，再反复润色修改。再次你要每天检查是否完成进度，同时还要评估结果做得怎么样。最后是达成目标后的自我激励。这个飞轮一旦成为习惯，就会产生持续运转的飞轮效应。

先打小胜仗

要让绩效增长在公司各部门落地，可以采取先易后难的方式，先打几个小胜仗，一是为了迅速掌握绩效增长的工具方法，二是快速胜利提升士气。

比如，某酒店围绕"提高客户满意度战略"，要求前台接待、客房、餐厅、会务等部门制定各自目标，并通过每个员工的实际行动来达成。酒店客房部经过集体讨论，提出每人每天获得一个客户好评的目标，围绕这个目标，大家想到了很多方法，有人把客人扔在卫生间的脏袜子给洗了，有人给生病的客人提供姜汤，有人把客房打扫整齐后，把客房毛巾叠出精美的造型，有人给老客户留下美好的祝福便签，等等，这些方法简单易行。客人感动于这些温馨的服务瞬间，对客服人员报以微笑，真诚地表达感谢，还有客人会在便签上留言，写下自己的体会和感谢语。这些正向反馈强化了员工的动机，同时公司也向获得客人表扬的员工表达感谢，并且进行荣誉激励，绩效增长增强回路进一步加强，这些操作促使员工接下的每一天做出更好的客户服务。

先打小胜仗，再打攻坚仗。聚沙成塔，积少成多，变小胜为大胜。一旦越来越多的员工接受，就会形成星火燎原的态势。

持续运转

当员工尝到成功的喜悦后，公司就可以把绩效增长转变为日常管理的工具系统。在时间上，每天运转、每周运转、每月运转、每季度运转、每年运转；在空间上，上至公司总经理，中至各部门负责人，下至各岗位员工，都可以运转绩效飞轮。随着运转的人越来越多，随着运转的频率越来越高，运转速度也会越来越快，就会形成强大的势能，实现"飞轮转，效率增，利润涨、工资高"的双赢局面。下一章将分享两家企业近十年绩效增长的经验，供读者参考。

第十章

落地运转案例

绩效增长模式在企业内部持续运转，如何形成飞轮效应？

这两个成功的案例能给渴望绩效变革的企业带来什么样的启发？

绩效增长是个长效工程，它要转变的不仅是绩效理念，更是系统建设、潜能挖掘、能力成长和习惯养成，是形成高绩效导向企业文化的过程。本书的最后环节，选取了两个我们进入企业辅导过的代表性企业，一家是山东临沂市政集团，另一家是新疆泰昆集团，它们分别经过了十年和八年的绩效导入和持续变革的历程，它们所取得的成功，有一定的参考借鉴意义。

第一节　临沂市政集团绩效管理变革

绩效增长是个长效工程，它要转变的不仅是绩效理念，更是系统建设、潜能挖掘、能力成长和习惯养成，是形成高绩效导向企业文化的过程。山东临沂市政集团经过绩效导入和十年持续变革的心路历程，取得了预期成果。它的成功能给渴望绩效变革的企业带来什么样的启发？我们总结如下：

聚焦问题，主动绩效变革

临沂市政集团（以下简称临沂市政）始建于1961年，经过近50年发展后，2010年，该公司启动企业改制，从传统的政府事业单位转制为民营所有制企业。经过3年平稳过渡，逐步解决和消化了转制过程中出现的各种矛盾。2013年，是公司企业改转制3年平稳过渡的收官之年。体制虽然改变了，但管理机制依然存在诸多问题：

（1）发展目标不清晰。公司经营处在"有活干、干好活"阶段，未来发展成为一家什么样的公司，战略目标不明确。年度目标和计划也不够清楚，尽管正常情况下是按照工程进度和周期进行操作的，但如果某个主管领导下令赶工，往往导致工期赶工；或者受制于搬迁、补偿款不到位等原因，导致工期延误；有些项目看似干好了，一算却赔钱了。

（2）分公司是操作型公司，不是经营型公司。分公司注重施工质量、安全，但对于成本效益的意识淡薄，尤其是算细账、算准账的能力不足。一个工程干完了才知道赚了多少钱或是赔了多少钱，在干的过程中，是挣是赔，挣了多少，赔了多少，心里面没有一个准数。

（3）公司项目多了，管理压力越来越大。以前管理粗放，目标成本管理有想法没落地，预算管控体系没有建立起来，项目前期预算、中期检查、后期评估等一体化管控体系需要进一步完善和夯实。

（4）干好了不敢拿，干不好也不处罚。年底高层领导集体讨论，发放绩效工资和奖金。业绩没有与绩效直接挂钩，原因有二：一是碍于人情，大家都在一个单位，低头不见抬头见；二是拿多了，总认为枪打出头鸟，会受到各种非议。

以上这些问题，还是冰山一角。按照董事长兼总经理庞玉坤的说法，最大的问题还是观念和习惯问题。观念滞后，习惯固化，几十年的经验习惯造就了过去的辉煌，但也成了未来发展的障碍。

为解决这些问题，打破思维惯性和行为习惯，彻底实施企业管理变革，庞总进行了反复思考，多处寻找第三方解决方案，最终选择了绩效增长模式，以支撑企业变革。

在全面调研及与企业系统沟通后，2013 年 5 月，我们给出了"332"的变革方案。

第一个"3"，变革的三大建议：

（1）确定变革的主基调——不是对过去不满意，是对未来不满足，市政家人应抬头向前看，为自己争取更美好的未来，实现企业发展和员工幸福。

（2）全面导入"绩效增长模式"课程，建立绩效管理系统，挖掘员工潜能，提高企业业绩和利润，实现公司发展和员工幸福双提升目标。

（3）通过持续跟踪落地，固化管理动作，形成习惯和文化氛围，推动企业持续增长。

第二个"3"，变革的三大保障，即在绩效变革具体实施时，为了保障落地效果，建立三重保障机制：

（1）组织保障，设置绩效委员会和绩效推进办公室。

（2）计划保障，明确绩效变革的具体实施计划。

（3）机制保障，针对绩效推进设置考核方案，明确奖罚标准。

第三个"2"指的是变革的两手抓，两条腿走路，一手围绕"增利润"，抓"收入、成本、利润、现金流"等经营指标的硬成果；一手围绕"建系统、挖潜能",抓"目标、措施、评估、激励"四大绩效系统落地的软成果。

第一阶段：观念转变，推动绩效飞轮转动

绩效变革的第一阶段，在庞总的大力支持下，副总经理沙总牵头，人力资源部和绩效推进办公室全力配合，严格按照计划推进。到2013年底，通过近7个月的导入，绩效变革项目取得了初步成果。

（1）硬成果：截至2013年12月20日，企业产值较上年增长34.5%，创下历史最好成绩。在资金管理方面，全年回收工程款8.7亿元，较上年增长64.77%。

（2）软成果：最明显的软成果是大家的思维在潜移默化中逐步转变，公司上下开始树立正向思维、内向思维、成果思维，以目标为导向，寻找解决问题的方法。此外，通过"目标、措施、评估、激励"系统的建设，推动绩效飞轮转动起来的框架已见雏形。

1）目标系统建设，让工作计划性明显增强，解决了"干什么"的问题。

以前经常说"今后怎么办、明年怎么办"，管理是粗放型的，没有精细化。通过绩效管理的目标导向，以终为始，结合人事分离法，目标更清晰了。这期间，通过与高层的反复研讨，明确了公司三年战略目标：即以市政建设为主，路桥、房地产开发等为辅，以临沂为核心，辐射周边，沿海岸线拓展，3年业绩目标翻一番，5年内成为山东

省一流的市政工程公司。与此同时，按照 3 年业绩目标翻一番的规划，制订出年度目标与计划，并进行逐层分解，明确各部门及员工月目标、周目标、日核心工作安排。

2）措施方法系统建设，增强了大家动手动脑的能力，解决了"怎么干"的问题。

通过系统地学习头脑风暴法、"鱼骨图+行动计划表"、流程图、时间圆饼图并应用，企业系统梳理了各部门、各岗位职责，形成了绩效管理、薪酬管理、会议管理、成本管理、预算管理、创新管理、质量安全管理等 11 项办法，初步梳理形成了 119 项作业指导书，225 项流程、规范、岗位说明书。

3）检查与评估系统建设，解决了"有没有干、干得怎么样"的问题。

没有检查就没有执行力。2013 年 5 月底绩效专场培训结束后，会议检查系统开始在各部门导入。5 月 27 日路面公司罗庄拌和站召开晨会，六公司召开首次绩效周例会；8 月 2 日，召开绩效推进 7 月成果比拼会，开始模拟导入月度绩效评估会，共模拟了 5 次，发现并解决了许多导入后可能会出现的问题；9 月 27 日，印发会议管理手册（试行版），会议管理办法开始试行。

4）激励系统建设，解决了"干好干坏、有什么说法"的问题。

重建薪酬体系，梳理荣誉激励、负激励体系，在实操过程中强调员工参与讨论。通过大量讨论与沟通，让大家对奖罚规则有了更深刻的认识，并在模拟导入中试用。

在建系统过程中，还真正推动了企业与员工双赢，在公司业绩增长、管理提升的同时，也最大限度地挖掘了个人潜能，帮助员工成长，实现价值。

第二阶段：巩固成果，强化绩效飞轮

2013 年 6~12 月，绩效增长模式导入阶段顺利结束，但绩效增长行为习惯的养成在临沂市政才刚刚开始。为了巩固变革成果，让大家真正养成骨子里的工作习惯，2014 年，临沂市政在"三年再造一个临沂市政"的战略目标下，开启了绩效变革的第二阶段，继续深入落地和强化绩效增长模式。

第一阶段主要是行为改变、习惯养成和思想观念的转变。其中思想观念的转变是最难啃的硬骨头之一，临沂市政在这方面下了狠功夫，具体做法是检修和加油。所谓检修，就是发现绩效运行过程中的问题，及时进行修正；所谓加油，就是添加润滑剂，对绩效管理运转创造更加有力的运行环境。在具体工作中，要时刻保持良好心态，有问题不可怕，问题点改正了会成为企业新的利润增长点。

那么，第二阶段怎么做强化呢？

1. 坚定信念是第二阶段最重要的一步

随着绩效增长的推进，公司内部出现了激烈的思想碰撞，各单位压力巨大。究其原因是部分人员思想没有转变过来，纠结于目标定高了、得多少分，没有把绩效管理理解透彻，没把这个工具用好。

2014 年 5 月 5 日，公司组织召开了 4 月月度绩效会，针对这些问题，庞总指出，有压力才有动力，大家现在所有的想法都很正常，但是既然都认为绩效管理好，那就一定要相信它并把它做好。主要负责人压力大，道理很简单，没有做好科学分解，要千斤重担万人挑、人人头上有指标才行。

公司最高管理者以丝毫不动摇的信念，坚持绩效改进，并通过会议和内部的各种学习，让公司员工从上到下对绩效变革抱有信心。

2. 时刻检查绩效增长系统运行情况，有则改之，无则加勉

公司上半年工作总结会议，系统地回顾了半年来目标完成情况，展示各部门上半年取得的成绩：上半年，公司市场中标额为 13.6 亿元，其中自主经营 11.06 亿元，是上一年同期的 1.94 倍；完成产值 7.02 亿元，其中本地市场完成产值 5.9 亿元，是上一年同期 2.24 倍。降本、预算等指标均在计划控制范围内，员工收入是去年同期的 1.46 倍。工程管理方面：沂河路立交桥已实现主干道通车，按期完成了排水一期的各项任务，临工大桥进展顺利……同时，各部门陈述了下半年工作思路和计划，并请全体参会者一起总结、查找绩效管理工作中的不足。

成绩值得肯定，但也要清醒地认识到存在的问题，部分单位在绩效管理中过于教条，与日常管理结合不够；工程质量和安全管理有待提升，现场管理仍存在诸多薄弱环节。针对此类问题，解决方案是：

进一步统一思想认识，传递正能量，团结一致，向公司目标看齐，为公司事业发展添砖加瓦做贡献。在经营上眼光要放远一点，在人才培养上要立足自主培养，在薪酬等制度设计上要向一线，尤其是项目经理倾斜。要着力培养发现问题和解决问题的能力，尤其是一线人员要在精通业务的同时，提高发现、培育和管理劳务分包方的能力。

3. 继续学习，强化落地运转能力

2014 年 11 月 7~9 日，为更深入掌握绩效管理精髓，解决绩效管理工作中的短板和瓶颈问题，公司组织部分中层干部、业务骨干 17 人赴北京参加"绩效增长模式"培训学习。本次培训本着"带着问题来、带着方法回去"的理念，参加人员认真学习、积极互动。在培训现场引导下，学员们更加充分地感受到了绩效管理对企业建立系统、挖掘潜能、增加利润的重要意义，为公司下年度工作目标制定拓展了思路。

2015 年 1 月 5 日，临沂市政举行 2014 年 12 月绩效会暨 2015 年目标签订仪式。公司领导班子、中层干部及各岗位骨干 162 人参加会议。通过回顾与总结，2014 年的硬成果是全年中标工程合同额 29.65 亿元，完成营业收入 16 亿元，软成果是各部门、各单位"比、学、赶、帮、超"意识越来越强了。新的一年，大家对绩效管理表现出来的各种担忧和疑问大幅减少了，签订 2015 年目标责任书时，均信心满满。

第三阶段：持续运转，形成飞轮效应

经过前面两个阶段的运转，绩效增长模式在临沂市政开始层层落地，从高层、到中层、到基层，大家对绩效的认知不断深入，各级管理者紧盯 KPI 已经成为常态，干了没有，干得怎么样，成为每月工作检查的重点，干多干少不一样，干好干坏不一样，干与不干不一样，成了大家的共识。

自 2015—2021 年的第三阶段，临沂市政业绩持续增长，签订合同额与产值收入实现持续增长，复合增长率超过 30%（见表 10-1）。

表 10-1　临沂市政近七年业绩增长　　　　单位：亿元

年　份	2015	2016	2017	2018	2019	2020	2021
合同额	14.59	46.6	51.74	65	—	—	—
营业收入	13.36	18.66	21.34	27.5	41.4	50	55.5

推进绩效增长模式，临沂市政 2021 年实现营业收入 55.5 亿元，同比增长 378.4%，员工平均收入 17.7 万元，连续五年以上保持 20% 的增长。

之所以取得巨大成绩，是因为临沂市政在以下几个方面形成了绩效飞轮效应：

（1）每年度召开目标质询会议，签订年度目标责任书，落实绩效责任。

与其他企业有所不同，临沂市政目标质询会议一箭三雕：一是围

绕战略规划制定年度目标，落实经营责任，明确硬成果和软成果要求；二是通过质询实现上下贯穿与横向关联，打通一线二线部门的协同配合；三是教育学习会议，大家在质询中相互学习，取长补短，相互赋能，共同提升。

（2）持续召开月度绩效会议，盯过程，抓成果，及时总结与复盘。年初定好目标，每月抓好绩效会议，这是一个重要的过程管理。一是盯进度，市政工程领域的四控标准（质量、成本、交期、安全），进度是关键，在确保品质、成本、安全情况下，抓住进度就是抓住了效率；二是盯成果，与年初目标比对，达成了的激励，没达成的反省改进，每个分、子公司，每个项目，每个工程都要上来比一比；三是即时奖罚兑现，奖优罚劣，奖勤罚懒，相互比较，共同提升。公司导入红蓝旗制度，对每一模块进行排名，对第一名授予红旗单位，对最后一名授予蓝旗单位。红旗单位代表作经验分享，蓝旗单位代表作表态发言。初次授旗由公司领导进行，其余月份根据排名变化，由各单位负责人之间进行旗帜交接。名次未发生变化时，旗帜单位负责人直接上台展示旗帜。通过授旗，进一步激发了生产单位的荣誉感和竞争意识。

（3）持续学习绩效增长模式，形成"学习-落地-再学习-再落地"的闭环。自2013年开始，学习绩效增长模式就成为临沂市政的常态，公司每年都要组织相关高层进行绩效增长模式学习。

（4）在职代会、年会、全体员工大会等各种会议上总结年度工作成果，激活员工共创共享，与其他企业不同的是，临沂市政领导班子特别重视在各种场合，与各层级的员工进行广泛的沟通，每年在职代会、年会等各种会议上，庞总都会发表讲话，汇报企业经营成果，畅谈管理变革思想，激励全体市政家人共同奋斗。

结语

临沂市政绩效变革推进十年，从导入期强化力度到后续的持续落地，是一个长期坚持的过程。作为临沂市政绩效变革项目的首席导师，我有幸见证了这一个持续变革的历程，也真切地感受到庞总和所有临沂市政人对绩效变革的决心和力度。十年践行，实为不易，他们能够取得绩效变革的持续成功，我认为有以下几方面因素：

（1）一把手的决心、信心、恒心。任何事关企业的重大变革，其实质都是一把手工程。在临沂市政绩效变革项目落地过程中，我时刻感受到一把手庞总的决心和力度，"一定能做到，一定要成功，肯定能成功"，推动绩效变革没有退路，没有退路就是胜利之路。

（2）坚持持续改进，不断完善。绩效变革工程不是一蹴而就，而是一个持续改进和完善的过程。从导入期的高频次到持续落地期的固定频率，从导入期的全面推进到持续落地期的按部就班，绩效变革的方向不变，但节奏、周期、频次、力度每年都会根据实际经营情况进行适度调整。

（3）穷尽一切办法挑战自己潜能。绩效变革的关键是促进人的思想意识和行为习惯的改变，围绕经营抓管理，围绕战略找增长，一切围绕"打赢战争"，每一位参与者都全力以赴，想尽办法深挖潜能。实际上，绩效强化了压力，提高了标准，带来了高要求，更加展现了"临沂市政，敢打必胜"的铁军精神。

（4）通过绩效管理，提高管理能力和职业化程度。从粗放管理到精细化管理，从事后救火到事前管控，目标清晰、措施明确、及时评估、奖罚分明，绩效管理对临沂市政员工来说，是一次管理能力和职业化提升过程。

（5）绩效管理是分水岭、试金石，是识别人才的好方法。能不能干，实践中看；设置比拼赛场，比、学、赶、帮、超；月度绩效会议，是优是劣亮亮业绩。这一系列的操作，让绩效管理成为分水岭和试金石，让优秀人才脱颖而出。想清楚、写清楚、讲清楚、干清楚，疾风知劲草，烈火炼真金。

（6）绩效管理最后就是与意志力的搏斗。短期乃运动，长期坚持一定是一个与意志力搏斗的过程。这个搏斗，是与头脑中的固有思维搏斗，是与身体中的安逸搏斗，是与组织的惯性搏斗，是与人性中的惰怠搏斗。临沂市政十年变革，经历了一次次与意志力的较量与搏斗，也跨越了一个又一个障碍。

（7）绩效管理真正要做到：企业赢，员工赢！这是庞总在变革之初反复强调的，变革不是企业和员工双方的零和博弈，变革的真正目的是双赢，企业增利、员工增收。为企业谋发展，为员工谋幸福，因为心中有星辰大海，才无惧当下的困苦与挫折。

雄关漫道真如铁，而今迈步从头越。相信临沂市政会越来越好！

第二节　新疆泰昆集团绩效落地，形成独特的 "3+1" 绩效发展模型

新疆泰昆集团（以下简称泰昆集团）始建于 1996 年，是一家依托新疆特色农业资源，立足新疆、布局全国、辐射中亚的农牧业企业。集团旗下拥有植物蛋白（高蛋白原料）、饲料、禽养殖、猪养殖四条相互关联的产业线。先后荣获"农业产业化国家重点龙头企业""国家级博士后科研工作站"等荣誉称号，同时为新疆维吾尔自治区饲料企业联盟牵头单位。

2014 年，泰昆集团高管参加我们的"绩效增长模式"课程学习后，决定将本套绩效增长模式在企业内部导入并落地。其导入目的非常明确，三大目的如下：

（1）清晰战略及经营管理目标，统一思想；让管理干部学会运用达成目标的措施及行动方案的方法体系；建立措施落地的检查与评估系统，解决会议决议得不到执行、好的方案无人追踪、问题速度慢等现实存在的问题。

（2）建立以贡献、价值定薪酬的薪酬激励体系，解决考核机制不完善、二线部门价值难以评估、业务团队收入弹性不足、挑战高目标的动力不足等问题；激发全员创新、创值热情和才干，实现员工、客

户和企业共赢的新局面。

（3）通过绩效增长模式项目的推行，发现那些有思想、善创新、行动快、业绩好的苗子，并给予重视、培养和更多的发展机会。

第一阶段：全面导入绩效增长模式试运行

2014年12月，泰昆集团全面导入绩效增长模式。

第一是目标启动。当时的三大事业部，20几个分、子公司，10个职能部门，全部按照绩效增长模式思路，先梳理各自目标。再组织分、子公司级、事业部级、集团职能部门级的"兵棋推演"，通过自下而上汇报、自上而下推演，层层梳理各层级目标，抓住经营和管理的牛鼻子。通过"兵棋推演"，让目标之间上下贯穿，让一线和二线之间前后关联，很好地解决了部门目标之间的关联性问题。同时让各层级员工对目标有一个更加清楚的认识，目标清晰了，绩效管理就成功了一半。

第二是措施跟进。有了目标，还要有方法。在作战计划中，各部门都提到实现目标的措施和方法。但方法是不是想到位了，方法执行下去能不能达成目标，还需要实践检验。通过措施方法系统的培训，通过鱼骨图、流程图等工具的使用，让各单位找到一招制敌的措施和方法。

第三是检查与评估。这一块的核心是打通月度绩效会议环节。这是一场硬仗，总共花了三轮辅导与沟通，我们的专家组，通过多次参加泰昆集团职能部门会议，严格规范会议流程，严格检查执行环节，通过会前准备，会中规范流程，会后执行跟进，尤其是会议"扎口袋"环节，盯住每个目标，盯住每一条行动计划，大大提升了部门工作执行力，并确保执行不走样。

第四是绩效机制。在深入研究企业薪酬绩效方案基础上，我们专家组详细解读了薪酬与绩效方案设计的整体思路，即绩效与薪酬设计五步法："确定总额，划分结构，明确比例，测算到位，试点执行"，对一线业务部门和二线职能部门的方案进行了梳理。在方案实施过程中，坚持两条腿走路，一条腿设计绩效方案，并进行反复测算；另一条腿出台比拼激励制度，运用比拼模式，激活员工的士气。通过连续的比拼，比、学、赶、帮、超，激发员工激情，增长企业业绩。

第二阶段：正式推行绩效增长模式，取得良好经营业绩

2016 年是泰昆集团正式推行绩效增长模式的第一年，在各事业部、经营单位的高度认同和重视下，取得了以下成效：收入与经营业绩挂钩，让干部、员工更加关注经营结果、成本意识明显增强；通过绩效方案的实施适度拉开收入差距，公司业绩优秀的员工得以分享超额利润；鼓励减人增效，各经营单位通过减少管理层级，精员合岗，改变用工方式，淘汰不合格员工，减少管理人员配置等，使全集团的人均效能明显提高，管理费用大幅下降；二线部门服务意识增强，工作效率提升，工作达成率明显提高。

第三阶段：形成独特的"3+1"绩效发展模型

从 2018—2021 年，在开放、创新、坚持的绩效增长理念指导下，泰昆集团四条事业线组织能力和核心竞争力基本形成，企业内生力和盈利能力大幅提升。这一阶段的一个重要成果是形成了"3+1"模型，即企业铁三角加上一个基础平台的方法与路径（见图 10-1）。

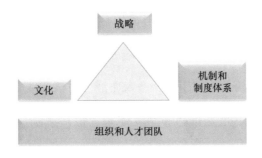

图 10-1　泰昆集团"3+1"绩效发展模型

铁三角顶端是战略。战略的意义就在于聚焦和长远价值的实现，使组织分工越来越专业化。包括：每年进行战略推演和年度兵棋推演，落实到组织绩效；搭建"集团-事业部"两级运营体系，在每月工作中持续督导年度战略专项、每月重点工作推进，为事业部赋能。这一套体系流程保证了泰昆集团首先做到战略正确，至少做到方向大体正确，同时通过深度分析、反复质询，使战略在集团上下达成共识，进而高效执行。

铁三角的左下角是文化，即形成正向积极的氛围。文化是企业的灵魂，没有灵魂的企业是不会有"精气神"的，注定不会长久，尤其是遇到外界环境剧烈变化的时候，很容易倒下、垮掉。实践证明，只注重经济利益，不注重文化建设，就会"精神缺钙"，底线不牢、防线松动，由此带来的经营损失、团队损失都是巨大的。泰昆集团26年来形成了自己的企业文化，这是集团最重要、最有价值的核心竞争力之一。经过反复讨论、修改以后，形成了基本法初稿；2021年又广泛征求内外部意见，进行了几轮讨论修改，在当年7月1日"泰昆基本法"正式定稿、印制。基本法形成以后，集团在各线进行不断地宣贯、培训，企划部主导举办了十多场基本法文化分享会，推动干部员工学、思、践、悟，牢记于心、融入血液、付诸实践。

铁三角的右下角是机制和制度体系。包括激励淘汰的奖罚机制、审计监察和风控体系、企业业务流程化体系，以解决员工不愿、不敢、不会干的"三不"问题。在体制机制方面，重点要关注三个方面：

一是激励分配机制。包括股权激励、薪酬、绩效奖金包、批次奖、双通道职务晋升等机制，调动全员的工作积极性和创造性，激发干部、员工以奋斗者为本的创业状态。目前的激励分配机制已形成较为完整的体系，集团和事业部两级已有417位合伙人，下一步还将继续往下覆盖到中基层的关键岗位和核心员工，真正实现股权激励覆盖20%的核心骨干员工，达到600名以上合伙人的规模。同时，还将在一部分的分、子公司试点三级合伙人激励。在获取分享制为主的绩效激励、员工双通道发展等方面，泰昆集团不断完善机制，制订针对性强、直接挂钩、及时有效的奖惩措施，让更多的员工享受到企业发展的红利，践行国家"共同富裕"的要求。

二是管理体系建设。"战略规划-运营"体系已初步构建，人力资源管理体系搭建完成。在标准化、流程化、制度化、信息化的内部体系建设上，强化与完善内控体系；财务共享、业财一体和数字化建设，已形成明确规划和建设框架，并开始推行新制度、新流程的落地实施。按照新制度流程的要求，先僵化，后优化，再固化，绝不能"穿新鞋，走老路"。面向未来，泰昆集团计划用3年的时间，让管理体系更加健全，经营工作更加高效有序。

三是经营机制优化。尤其是饲料、禽产业、猪产业所涉及的定价机制、折让管理，与合作伙伴、养殖户的利益机制，对经销商、客户的合作与分配机制，都要重点关注，不断优化。把"以客户为中心"的思想贯彻到底，坚决避免"店大欺客"和"简单粗暴"的服务作风，坚持公平公正公开的交易规则，坚持依法依规经营。在养殖业务中通过合理的机制，解决养殖户、饲养员为谁养的问题。在对外合作拓展中，要通过开放的机制，整合社会资源，把文化和人心放在第一位（文化和人心>团队>个人>事>钱和资源），借助"优秀的团队+优秀的文化+优秀的机制+合适的资源"，实现"三融三共"（融资、融人、融心，共创、共享、共荣）。业务机制最终的目的，是实现客户、经销商、合作伙伴、养殖户以及集团自身的多方共赢，共同发展。

铁三角的下方是基础平台。除了铁三角外，要想做强做大必须有一个牢固基础平台，即组织和人才团队。组织和岗位是战略与流程实施的保证，人才和团队是泰昆集团各项事业的有力支撑。泰昆集团的事业最终是靠人才团队实现的，因此不断强化组织体系和组织能力，调动组织的智慧与能量是发展基石。

结语

泰昆集团自 2014 年 12 月全面导入绩效增长模式以来，实现跨越式发展，在新疆和中西亚地区农牧产业中成为重要的支柱型企业集团。回顾、总结其业绩增长发现：2016 年集团整体营收 28 亿元，2017 年集团整体营收 30 亿元，2018 年集团整体营收 34 亿元，2019 年集团整体营收 43 亿元，2020 年集团整体营收 68 亿元，2021 年集团整体营收 102 亿元。

目前，泰昆集团已基本具备了一个完整的组织体系，组织架构总体稳定，局部不断完善，岗位层级梳理清晰，"集团-事业部"两级决策机制，经营决策委员会的运行调动了集体智慧，对业务决策的民主集中制和对人事决策的民主表决制得到了贯彻。期待泰昆集未来在农牧业事业发展的道路上，取得更佳成绩！